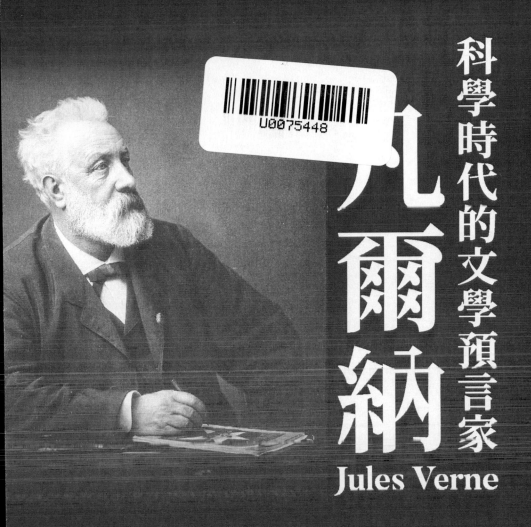

科學時代的文學預言家

凡爾納
Jules Verne

以科學內容承載世間人情，將人類價值從地心串至月球

他的幻想建立在有限的科學知識上，煥發出新的光芒

假說言地球空心，他寫出《地心歷險記》
有人嘗試開發潛水艇，他寫出《海底兩萬里》
一句玩笑話「把人打到月亮」，他寫出《從地球到月球》

他被稱爲「先知」，用筆推動科學的齒輪
他是科幻小說的濫觴──朱爾・凡爾納

「但凡人能想像到的事物，必定有人能將它實現。」

李詩禹，潘玉峰 編著

目錄

目錄

附錄

序

成就與貢獻

凡爾納的作品，不僅文筆流暢、情節起伏，更可貴的是，他那非凡的想像力，浪漫而又符合科學的幻想，使讀者提前邁進了未來世界。

凡爾納總共創作了百餘部長篇小說和短篇小說集，還有幾個劇本，一冊《法國地理》和一部 6 卷本的《偉大的旅行家和偉大的旅行史》。

凡爾納還是許多發明家的老師，不僅如此，凡爾納的小說到處充滿了科學，許多科幻事物在多少年後都成為了現實。他的作品培養出了一個又一個諾貝爾獎得主。

地位與影響

凡爾納被人們稱讚為「科學時代的預言家」。後來，許多科學家都曾談及，他們是受凡爾納作品的啟迪，才走上了科學之路的。

潛水艇發明者之一，美國青年科學家西蒙・萊克在 1897 年建造了「亞爾古」潛艇。萊克在自傳的第一句話便說：「朱爾・凡爾納是我一生事業的領航者，是我生活的導演。」

序

　　1884 年，教皇在接見凡爾納時曾說：「我並不是不知道你的作品的科學價值，但我最珍重的卻是它們的純潔、道德價值和精神力量。」

　　凡爾納逝世時，人們對他作了恰如其分的評價：「他既是科學家中的文學家，又是文學家中的科學家。」

　　凡爾納正是把科學與文學巧妙地結合起來的大師。

多夢少年

當科學開始說話的時候，那就只好閉口不言。但科
學是從錯誤中產生，犯這些錯誤乃是必要的，因為
這些錯誤逐漸導致真理。

—— 凡爾納

出生即被寄予厚望

1828 年 2 月 8 日，朱爾‧凡爾納生於法國西部海港南特費多島。

從地圖上看，法國略呈五邊形，有點像一個人。

我們可以把法國向地中海和大西洋伸出的兩個角當成是兩隻手臂，左手上捧著的明珠，是馬賽；右邊的明珠藏得比較隱密，在胳肢窩下，是南特。

南特是法國大港口之一，也是當時法國最繁華的城市之一。南特城位於盧瓦河右岸，距出海口約 50 英里。

寬闊、水量充沛的盧瓦河有 5 條支流流經市區，因此城內的橋梁為數眾多。其中有一條支流叫埃德爾，由北向南流，正好把南特的老城和新區一分為二。

南特位於法國西部，瀕臨大西洋的布列塔尼半島上，也是半島上最大的城市，自古以來就有經商和工業生產的傳統，歷史上是與西印度群島做香料生意的貿易中心。

自然，南特也是造船工人和海員、船主和商人的城市。該城的望族都是靠販賣黑奴發跡的黑奴販子和靠剝削西印度群島印第安人的農場主的後裔。

全城內外，無一不與大海息息相聯。雖然在城裡看不見大海，但街頭巷尾，處處都充滿著海洋的氣息。

凡爾納的父親名叫皮耶爾‧凡爾納，是一名律師；母親

名叫索菲‧阿洛特‧德‧拉菲伊。朱爾‧凡爾納是他們的第一個孩子。

索菲的祖先是一個曾服役於法國國王的蘇格蘭射手，而她的父親喜歡四處闖蕩，幾乎從不著家。皮耶爾與索菲結婚以後，就住在了索菲的娘家。小凡爾納就出生在他的外婆家裡。

剛剛出生時，小凡爾納身體很弱，甚至都消化不了母親的乳汁，因此整天都餓得直哭。

皮耶爾有些神經衰弱，並且消化不好，還有風溼病，所以對孩子的哭聲非常反感。有一次，他實在受不了了，就對索菲說：「親愛的，孩子再這樣哭下去，我非得被折磨死不可，我好長時間都沒有好好吃一頓飯了，而且妳也顧不上為我整理衣服。這樣下去可不行。」

索菲卻不以為然地說：「我哪管得了這麼多，光照顧兒子就夠我忙的了。」

在這樣多次爭吵後，夫妻之間的關係變得很緊張了。

雖然後來他們請了一個保姆，但才過了幾天，保姆就無法忍受這種壓抑的氣氛而辭職了。

皮耶爾惱火地對索菲說：「索菲，孩子一天天哭個不停，就是因為妳不會帶孩子。要不我們找個奶媽帶他吧！」

索菲卻非要堅持自己帶孩子：「你不就因為我沒辦法幫你整理衣服、為你做可口的飯菜嗎？如果你再說要把兒子送給

奶媽，我就帶著兒子離開這裡，你一個人過好了。」

皮耶爾沒有辦法，只好出去散心。晚上次來，他向索菲道歉，並表示不再說讓奶媽帶孩子的話了。

但是，就在這天晚上，小凡爾納整整哭了一宿。

皮耶爾在惱火之下，又與索菲發生了爭吵：「孩子再這樣鬧個不停，我真沒辦法活了。」

過了幾天，他和妻子商量帶孩子去看醫生，檢查一下小凡爾納是不是有什麼病。索菲也有些受不了孩子的哭鬧了，於是同意去請醫生。

醫生為小凡爾納做了全身檢查，經過兩個小時檢查，在他的腳上發現了一根小木刺，醫生細心地把木刺用針挑了出來。

小凡爾納終於不再哭鬧了，成了一個乖孩子。皮耶爾夫妻兩個長出了一口氣，家裡又恢復了往日的和睦恩愛。

春天來了，父母決定為小凡爾納進行洗禮。家裡來了很多親戚。

皮耶爾把家庭成員的肖像掛在牆上，並辦起了隆重的家宴。大家喝著香醇的美酒，一起舉杯為孩子祝福。而大家在酒宴上，爭論的焦點是孩子將來成為一個什麼樣的人。

外婆摸著搖籃裡外孫的小手說：「這孩子將來肯定是一名出色的水手。」

　　皮耶爾的父親、小朱爾的祖父立刻表示反對：「不！我看這孩子前額寬闊，脖子挺直，將來會是一名優秀的詩人。」

　　而皮耶爾卻既不想讓兒子成為水手，也不希望他當一名詩人，他卻期望孩子將來能繼承他的事業，成為一名成功的律師。

　　大家紛紛發表自己的高見，聲音越來越大，爭論得異常熱鬧。等他們的熱情逐漸平靜下來，在酒精的驅使下紛紛找地方休息去了。

　　幾天後，皮耶爾與索菲鄭重談起了小凡爾納的將來：「親愛的，我們的長子一定要子承父業。至於水手和詩人，就讓下一個兒子來當好了。」

　　索菲對丈夫的意見也深表贊同。

從小就充滿幻想

　　不久以後，凡爾納全家就搬遷到了費多島讓·巴特第二河馬路的公寓中。在這裡，皮耶爾上班就方便多了，因為他們公司就在這座公寓裡。

　　小凡爾納在這裡慢慢地長大了。而這期間，他的一個弟弟保爾和 3 個妹妹安娜、馬蒂爾德、瑪麗也先後出世了。

　　這座島城由 24 名闊綽的聖多米尼克種植園主集資建於 1723 年，底下全打了椿基，景色迷人。這些種植園主因

1763 年簽訂的《巴黎條約》和印度公司的倒閉而破產，不得不放棄他們豪華的住宅。後來，這些公館的樓層改成住宅，而樓下則用於經商。

雖然費多島只是個河中島嶼，但是盧瓦爾河入海口外的浪頭仍然洶湧澎湃而來。費多島的河濱街，有個不小的碼頭。碼頭上，人聲鼎沸，熱火朝天，車來船往，一片繁忙景象。由加勒比海和幾內亞灣回航的遠洋帆船多在此卸貨。

在 19 世紀前期，大約有 2,000 多艘船隻，往返於南特和海外之間。碼頭上堆放著甜酒、咖啡、可可、甘蔗，還有猴子、鸚鵡和金絲鳥以及各種琳瑯滿目的鳥籠，以及鳳梨和椰子等。

碼頭上靠泊著來自克羅瓦西克的漁船和蓋郎德鹽場的運鹽船；水產儲運批發商和女魚販在碼頭上來來往往，人們可以望見在港口拋錨的帆船的檣桅和碼頭的繁忙景象。

這個小島由花崗岩構成，長長的，像航行在盧瓦河中的一隻大石船。小島風景如畫，長滿適於潮溼溫暖氣候的亞熱帶植物，鬱鬱蔥蔥，冬夏常青。

幼年的朱爾嬉戲玩耍，只限於這個狹小的天地。他每每佇立在「船尾」凝視盧瓦河滔滔河水，他覺得維多島真的像一艘大船一樣朝相反方向溯流疾駛。當他在「船首」觀看盧瓦河水，又覺得維多島又在高速破浪前進。尤其在盧瓦

河豐水期，他像一個真正的船長，筆直立在「船頭」，與身邊劃過的方形風帆的漁船，以及二桅、三桅的遠洋帆船齊頭並進！

可惜，當他這幻覺消失之後，漁船和帆船或停泊岸邊，或順流遠去，他依然原地不動，心中引起無限惆悵，並使嚮往大海和大海那邊的異國他鄉的願望更為強烈！

小凡爾納和保爾在碼頭上閒逛著，出神地看著那些向岸邊駛來或正駛離碼頭的航船。在碼頭上，從遙遠海島來的高大三桅帆船是小凡爾納最感興趣的物事。

這龐然大物是來自合恩角還是布里斯本？還是古老的印度或神祕的中國？一天又一天，他坐在港口好奇地打量繁忙的水手，呼吸著大海的芬芳和林林總總香料的氣味。尤其看到船隻張開或落下巨大的帆時，他們就會興奮地拍著小手歡呼。每當看見一艘船揚帆出海，他的整個身心便飛到船上。

保爾對哥哥非常依賴，而且他認為哥哥是除了爸爸之外最有學問的人，他常常問朱爾：「哥，那些三桅船開到哪裡去了，怎麼都看不見了？」

小凡爾納就會認真地告訴弟弟：「他們要去前面的一個海島，那座海島非常美麗，島上開滿了鮮豔的花；每到晚上，有離小島很近的星星眨著眼睛。」

「比我們這裡還美嗎？」

「那還用說。」

「要到那裡去，必須成為一名水手才行，是嗎？」

「當然。」

「等我長大了，一定要成為一個出色的水手，開著我自己的船到那個美麗的小島上去看鮮花和星星。哥，你和我一起去好嗎？」

「當然好了。」

兩個小傢伙迎著撲面的海風，大口地呼吸著海風中帶來的浩瀚大海的味道，他們真渴望快快長大，能夠駕駛著自己的船，早日去夢想中的小島。

好奇心是孩子們的天性，這種天性常常促使朱爾和保爾不約而同地來到碼頭上，他們多麼想仔細地看一看去合恩角的遠洋帆船啊。久而久之，他們對這些遠洋帆船便熟悉起來。船隻的靠岸或起航，即使對居住在港口上的人來說，仍然具有一種強烈的吸引力。大帆船的各項操作，構成一幅令人心醉神祕的圖景，無疑也成了這兄弟兩個無休止的交談內容：「這艘漂亮的三桅帆船是從什麼地方開來的？這艘雙桅橫帆船又要開往什麼地方？」

從船上卸下的貨物為他們帶來了海島的芬芳，而這些如此遙遠和神祕的海島無疑使他們產生各種幻想。

凡爾納一邊思索著一邊不由得問保爾：「保爾，那艘雙桅

橫帆船來自哪裡呢？是不是很遠的地方？它怎麼帶來了那麼多的貨物？」

保爾當然無法回答哥哥的問題：「哥，我不如你知道得多，你不要問我。」

每當去親戚家串門的時候，小凡爾納就會纏著讓人給他講一些神祕新奇的故事，一邊聽著，腦海中一邊閃動著一些畫面。尤其到了姑媽家，會有一些從美洲回來的人，凡爾納對他們親身經歷的如何穿越洪荒的原始森林到達伊利湖和尼加拉大瀑布的冒險故事心馳神往。常常呆呆地去夢想那遙遠神祕的地方。

漲潮時，海水將小港灣全部吞沒，朱爾和保爾將目光轉向大海，不覺浮想聯翩。他們感覺到了大海的召喚；朱爾首先被這種誘惑征服了。

凡爾納 6 歲的時候，開始去幼兒學校學習，那裡的老師是一位船長的妻子桑本太太。她對皮耶爾說：「您就放心把孩子交給我，專心去工作吧！」說著瞇起她那好看的眼睛，和善地抱起了小凡爾納。

小凡爾納在這一刻忽然有一種奇妙的感覺：「難道她會和我外婆一樣嗎？不知什麼原因，我從心裡喜歡她。」

桑本太太拿出一些紙和幾支彩筆，遞給小凡爾納說：「朱爾，你聽好了，這支藍色的筆是用來寫字的，而紅色的用

來畫畫，小心別把紙弄破了。想寫什麼畫什麼就儘管去寫去畫，只是要珍惜它們。」

「我知道了，是不是想畫什麼就可以畫什麼？」

桑本太太和藹地笑著說：「當然是了。」

皮耶爾有時工作忙了，常常顧不上來接凡爾納，他就跟著桑本太太玩，這時，她會講很多有趣的故事給凡爾納聽。在這期間，凡爾納注意到，桑本太太總愛走到窗前，看著遠處的大海。

有一天，凡爾納也跟著她來到窗前，忍不住問她：「老師，您總是望著大海，究竟看什麼呢？」

桑本太太說：「沒什麼，就只是看看大海。」

小凡爾納更加不解了：「那裡有很多有趣的故事嗎？是不是很有意思？」

「沒什麼，一點也不有趣。」

「那您還總是看個沒夠？」

桑本太太嘆了一口氣，緩緩地、像是自言自語地說：「我丈夫桑本是一位遠洋輪的船長，我們當時正是新婚蜜月，他就和我分開遠行了。他離開的那天，就是前方那片海邊，他升起了船上的帆，然後就起程了。臨行他對我說，將來他還會在那裡返航。到那時，我在窗邊就可以望到他。」

「可是，已經過去 30 年了，我聽到有傳言，說他在海上

出了事故，遇到大風把船吹翻了。我不相信他會遇難，因為他是最好的水手，什麼困難都不會打敗他。所以我這 30 年來，就一直穿著他臨走時我穿的衣服，堅信他會回來和我團聚。」

小凡爾納聽得入了神，這才明白，她為什麼一直穿著那顯得有些舊的只適合年輕女孩穿的衣服，而且從來不顧及別人怎麼議論她。

在那一刻，小凡爾納也被桑本太太那種深深的憂鬱和期待感染了，他堅定地說：「我相信桑本先生肯定會回來，到時我和您一起去接他。」

從此，小凡爾納就常常與桑本太太一起站在窗前，他痴痴地望著人海，腦海中浮現出大海上的情景。

喜歡嘗試各種新鮮事

1837 年，凡爾納 9 歲了，他跟著桑本太太學了 3 年之後，就和 8 歲的弟弟保爾一起去聖斯塔尼斯拉公學上小學了。

這時，凡爾納又瘦又高，經常踩著高蹺在校園裡瘋跑，把頭髮吹得亂蓬蓬的。他雖然並不苦讀，但成績卻總是能保持在前 10 名。他在運動和遊戲方面確有不俗的表現。學校給他的評語是「在課餘活動中是校園裡的真正王子」。他把精力都用在了體育訓練上，是足球球場上的一員驍將。

讀二年級時，凡爾納獲內省、地理和聲樂 3 張獎狀，背誦課獲得了頭獎；讀三年級時，他在聲樂方面保持相同水準，並獲希臘文作文一等獎，希臘文翻譯二等獎和地理三等獎；讀四年級時，他在得獎名單上依然有名，拉丁文翻譯獲一等獎，聲樂仍得二等獎。

地理課在凡爾納兄弟面前展現了一幅幅廣袤世界的景象，而這之前他們只在冒險故事裡聽過。探險家和旅行家的奇異經歷和遙遠國度的異國風情，尤其使他們心馳神往。

凡爾納積極開動腦筋，在課餘時讀了大量課外書，並且以自己的想像去描畫各種稀奇古怪的圖，比如輪船、飛機和火車等。當時世界上還沒有這些東西，但他卻畫得津津有味，樂此不疲。

當時有幾個和他興趣相投的同學，他們一起組織了一個「走讀集團」，每天放學後，大家就一造成南特主街和大廣場角落的博丹書店看書。

不久，他們就和書店老闆混熟了，老闆還特意給他們提供了一張桌子，方便他們讀書。

凡爾納 11 歲的一天，他們再次來到書店，幾個同學突然發現凡爾納沒有借書看，竟然一直伏在桌子上不停地寫著什麼。同學們都很奇怪：

「朱爾，你寫什麼東西啊？」

「沒什麼，想弄個劇本。」

「呵呵！我們朱爾就要成劇作家了！」

不管同學們是嘲笑還是讚美，凡爾納並沒往心裡去，他的心思一直停留在自己的劇本創作上。

他寫的是一出悲劇，劇中的語言全是詩，這可能是他第一次涉足文學之路。

後來，他拿著自己的「大作」，躊躇滿志地交給了當地一個小木偶劇團的導演。

導演看了一遍，然後看著凡爾納，搖著頭說：「這個太文雅了，這種語言根本無法表達，我們演不出來。」說完把劇本退還給凡爾納。

凡爾納失望地捧著自己的處女作，心有不甘地又去了他的姑媽家。這時，他已經開始喜歡自己 12 歲的表姐卡羅利娜，他想把劇本讓表姐看一下。當時另一個表姐瑪麗也在。

但是事與願違，本來想讓自己的傑作給表姐留一個深刻的印象，但卡羅利娜聽了這後，只是略帶嘲諷地笑了笑，這可真刺傷了凡爾納的自尊心。

幸好瑪麗表姐沒有表示不屑，還給了他相當多的鼓勵。凡爾納感激地為瑪麗表姐寫了一首詩，其中有這樣幾句：

> 妳那同情心分擔我全部的痛苦，
> 妳那從來不會惹人厭倦的愛撫，
> 悄悄地揩乾淨我雙目的淚珠。

　　每年當仲夏將至，凡爾納一家便到盧瓦河對岸尚特內自家別墅消暑。別墅四周是碧綠如茵的草場，遠處叢林片片，散落在日夜奔流不息的盧瓦河畔。

　　從凡爾納小臥室的窗櫺，可以看盧瓦河和冬天被河水淹沒的草場。夏天，河畔有數處大沙灘，河中露出不少小沙洲。

　　凡爾納是不安分的孩子。在尚特內，他和保爾兄弟鑽叢林套麻雀，去採石場抓蜥蜴，下河游泳、捕魚，甚是活躍。

　　有一位路邊酒家老闆是一位退役海員，由於他親眼見過海蛇而遠近聞名。於是凡爾納兄弟兩個一有時間就找海員，纏著他講大海的奇遇。雖然這些故事，周圍漁民早已聽厭，可是他們卻聽得入神。這些故事在他們頭腦中引起了無限遐想。

　　有一次，皮耶爾先生出差，帶著凡爾納同行。途經一個叫昂德爾的工業區，他們參觀了一家造船廠。機器轟鳴，汽錘震耳欲聾，火車那樣又笨又重的龐然大物竟行走如飛，使凡爾納大開眼界。

　　凡爾納每天都會在河邊玩耍，有一天，他忽然在沙灘上撿到一個舊筆記本，原來是一位護衛艦艦長的航海日記。上面的字跡非常潦草，可能是寫於戰爭之中，但凡爾納卻立刻坐在沙灘上，如飢似渴地讀了一個下午。

他凝視著天邊的落日，不由陷入了沉思之中：「當時究竟發生了什麼？激烈的海戰是怎樣一副情景呢？」

他決心親身體驗一下幻想中的場景，於是鼓動起保爾，兄弟兩個拿出零用錢，以每天一法郎租了一艘河邊的小船，玩海軍打仗的遊戲。

但是，畢竟他們還是孩子，租船費用漸漸讓他們無力承擔。

後來，保爾跟哥哥提出退出。保爾不參與了，仗自然就打得沒意思了，凡爾納也只好中止了這場「戰爭」。

冒險做見習水手

當凡爾納和保爾閒著沒事在碼頭上游逛的時候，曾經注意到，那些讓他們神往的大帆船上，竟然有一些與他們年齡相仿的小孩子。看著那些小孩子跟那些大鬍子水手一起在停泊的大船上來回穿梭，真讓他們羨慕。

一天，當一個孩子到船下來的時候，凡爾納跟在人家的後面，一直走到人很少的地方，他趕緊湊到近前問：「你好，你也是水手嗎？」

那個少年回過頭來，他的臉被海風吹得黝黑發亮。發現凡爾納跟自己年齡差不多，那少年挺直腰板，驕傲地說：「是啊！我是一名見習水手！」

「什麼叫見習水手？」

「就是說，現在是在船上學習，等長大以後，就會成為真正的水手了。」

「每個男孩都可以去船上當見習水手嗎？」

「當然可以，但必須先拿到雇用合約。」

凡爾納還想問問如何取得雇用合約，但那個男孩已經轉頭走了。

這讓凡爾納兄弟多麼羨慕跟他們同齡的少年見習水手！這些少年見習水手獲得一份雇用合約，便能登上海船，到充滿奇蹟的異國去冒險！那高揚風帆的大船，真像一隻展翅翱翔的大隼，載著他們飛向神祕的遠方。

不過，想成為一名見習水手也並不是容易的事，雖然11歲的小男子漢已經無所畏懼，但家人會答應他嗎？他幾乎可以肯定地想像到，當他把自己的計畫向家人公布時，大家都會像看怪物似的盯著他，尤其媽媽，她一定會手捂胸口，臉色蒼白。

1839 年夏天，凡爾納得知一艘遠洋船正準備起航開往印度。這艘三桅帆船叫「科拉利亞號」。這該引起凡爾納多少聯想啊！這艘漂亮的帆船即將開往印度，他想像著印度的壯麗景色。他想像著這次遠航可能有的各種冒險：這展開的風帆，有如巨鳥的翅膀，將把你帶向遠方。

　　而且，科拉利亞這個名字，就像他鍾愛的那位表姐的名字一般響亮，這可是向他發出的邀請！他揣摩著這幾個詞的音樂效果；在那遙遠的海域，　定可以撿到許許多多的珊瑚。登上「科拉利亞號」到印度去，捎回一條珊瑚項鏈獻給卡羅利娜，這難道不是一次富於詩意的冒險嗎？

　　在這位年僅 11 歲、敢於蔑視困難的孩子的頭腦中，一項方案很快就形成了。讓別人接受自己為少年見習水手，這顯然不是一件容易的事；他心裡明白，他的家人肯定不會同意這項計畫。因此，他首先要做的就是打聽一下消息。

　　於是，他主動接觸一位跟他同齡的孩子。這孩子在即將起航的這艘帆船廠有一份少年見習水手的雇用合約。凡爾納機警地把那位小水手叫到一個人少的地方，直截了當地說：「你願不願意把你的雇用合約出讓給我？」

　　那少年一下驚呆了：「你想做什麼？」

　　「我想代替你上船，當一次見習水手。」

　　少年帶著懷疑的表情上下打量著凡爾納，然後問：「這對我有什麼好處？」

　　凡爾納乾脆地說：「我會給你錢。」

　　那少年不知是厭惡了出海，還是當時正需要錢，他立刻與凡爾納討價還價：「你給多少？」

　　凡爾納把自己微薄的積蓄全部拿出來說：「我有多少全給

你，但我只有這麼多。」

他兩個進行協商，並很快就價錢問題達成協議。可是，在什麼地方、採取什麼方式上船，才不致引起船長的注意？

經過研究，他們決定在即將起航之前，經格雷努耶爾水道，用小舢板將凡爾納悄悄送到大船上，然後再載著小水手駛回岸邊，但這需要另一位少年見習水手協助，因為必須要有3個人才能把舢板駛回岸邊。

這項實施方案必定是預先籌劃好的，而不是偶然的。一切商量妥當，凡爾納就在家裡焦急而興奮地盼望著。

預定起航那一天，小傢伙在清晨6時便偷偷起床，往旅行袋塞進幾件衣服和麵包乾糧，溜出家門，穿過漸漸甦醒的尚特內村，繞道奔向碼頭，來到格雷努耶爾水道，跟在那裡等他的兩位少年見習水手一起找到了一艘小船，直奔三桅大海船駛去。

一切都進行得挺順利。趁準備起航的忙亂之際，將其中一位少年見習水手替換下來，這並沒被人發現。三桅船中午起錨，傍晚抵達盧瓦河口潘貝夫，次日駛向大西洋，開往印度。

但是，在尚特內村，住在小別墅裡的人都醒來了，等大家坐到桌邊準備吃早飯時，卻發現凡爾納不見了。

起初，索菲以為，她兒子很可能一時心血來潮，到外頭散步去了。後來，她逐個詢問凡爾納的弟妹：「朱爾呢？」

保爾說：「不知道，我起床的時候他就沒在床上了。」

妹妹安娜也說沒看到他。那兩個也都說不曉得他到什麼地方去了，索菲這才大吃一驚。時間一小時一小時地過去，索菲越來越感到擔心。因為，她擔心凡爾納會不會像他的表哥一樣，他的表哥兩年前出去打獵，不幸掉到河裡淹死了。

或者，他會不會跑到採石場去玩占山頭的遊戲，不小心跌下來摔斷了腿？這個淘氣包太熱衷於冒險了，能玩出很多花樣。

保爾和安娜聽媽媽說到這裡，也害怕地說：「採石場周圍經常有壞人出現，他們不會綁架了哥哥吧？」

到了中午 12 時 30 分，已經過了吃午飯的時間，但依然不見凡爾納的影子。索菲這下可真慌了，她請求住在隔壁的戈榮上校騎馬去通知皮耶爾。

皮耶爾一聽也急了，他匆匆返回，一邊安慰索菲，一邊趕緊去四處打聽。

女豬肉商、善良的馬蒂裡娜說，早晨的時候，在教堂廣場看見過凡爾納。根據這條線索，很快地又了解到更重要的情況：正在讓·瑪麗·卡比杜林開的小酒館裡喝酒的一位格雷努耶爾水道的內河船員證實，他看見凡爾納跟兩位少年見習水手乘坐小舢板，上了「科拉利亞號」遠洋船。

皮耶爾迫不及待地問：「那船在哪裡？」

「早已經開走了。」

「開到哪裡去？」

「這艘船要開往印度，晚上很可能在潘貝夫停靠。」

皮耶爾顧不上道謝，趕緊轉身奔向碼頭。此時顯示出他是沉著果敢、對於非常情況處置裕如的人。他有幸搭上一艘這條河上速度最快的火輪船，一向謹慎懦弱的皮耶爾先生與艇長並立在艦橋上，他面色蒼白但剛毅凜然。

在傍晚 18 時就趕到了潘貝夫。皮耶爾趕到「科拉利亞號」上，及時找到船長說明來意，很快就在船上找到了他的兒子。

凡爾納與父親見面時，並沒有覺得害怕和慌亂，反而像久別重逢一樣欣喜。小孩子經過了一天的航行，最初的新鮮感，那種激動與興奮已經漸漸消退了，這時已經有些後悔自己的草率和冒險了。

這次旅行以受到嚴厲的懲罰而告終，皮耶爾把他狠狠地罵了一頓；並且因此換來了更為嚴格的管教，凡爾納不得不流著淚向母親求饒，並且作出保證：「以後保證只躺在床上，在幻想中旅行。」

1839 年的這一記耳光使凡爾納變成一個極不開朗的人！

大約一年後，保爾提議，自己做一艘船去出海旅行。凡爾納和保爾編製出海計畫。凡爾納幫助弟弟畫幾種航海路線

圖，確定航行路線，他認真對待這次旅行，熟記地圖上的航線，盤點途經港口以及要遊覽的名勝古蹟並列出單子，必需用品的名稱和數量，無一遺漏。

但隨著時間的推移，凡爾納越來越對旅行的事淡漠了。最後，好像忘記旅行這件事。保爾明白，哥哥不再去旅行了，因為他已在幻想中完成了這次旅行。

當然，凡爾納所作的保證也是不太嚴謹的。因為，就在第二年，他就被獲准與保爾一起乘坐河上汽輪，亨受了一次旅行。儘管不是長途旅行，但卻駛出了盧瓦爾河口，生平第一次見到了大西洋。

孤身體驗海島生活

在凡爾納這個極富想像力的孩子頭腦中，始終難以抗拒大海的誘惑，每當他讀到有關海洋的書，就會如醉如痴地沉入無邊的幻想之中。

當時，凡爾納最喜歡讀英國作家笛福的《魯賓遜漂流記》以及瑞士作家懷斯的《瑞士家庭魯賓遜》。

凡爾納時常被書中那些生動的故事和豐富多彩的細節描寫而激動不已，每每看到主角那英勇頑強、扣人心弦的冒險經歷，都不由得掩卷長嘆，拍案而起，心靈中掀起滔天巨浪。

　　尤其是《瑞士家庭魯賓遜》，更讓他手不釋卷，百看不厭。因為這部作品所描寫的，並非是一個獨膽英雄在荒島上的艱苦生存奮鬥，而是一個家庭一起流浪到一個孤島上的故事，他們同甘共苦，生死不離，終於使整個家庭脫離了苦難，重獲幸福。

　　在這種熱情的鼓動下，不安分的凡爾納頭腦中又產生了一個奇特的念頭：要像魯賓遜那樣，去孤島上體驗一下。於是，他獨自跑到了尚特內以下的那段盧瓦爾河的一個小島上，自己想像著由於遭遇到海難而不得不在那裡流浪。

　　經過短暫的「絕望」之後，凡爾納開始在小島上「艱難生存」，他一邊找一些樹枝搭窩棚，一邊心裡自豪地憧憬著冒險中的情景：「這是多麼有趣啊！我就『不得不』在這裡安下身來了，會不會遇到島上的野人呢？」

　　鑽進自己搭好的窩棚裡，凡爾納興奮得快要發狂了，他終於體驗到了魯賓遜的「成功」漂流。

　　凡爾納努力讓自己安靜下來，坐在窩棚裡，聆聽著小島四周的響聲：除了海浪聲和風兒吹動樹葉的「沙沙」聲，天地間靜極了！

　　太陽漸漸偏西，凡爾納的肚子開始「咕咕」叫起來。開始，他還在忍受著飢餓的煎熬，並且想像著魯賓遜們也會不得不面對這種考驗。

　　但是慢慢地，飢餓終於占據了上風，凡爾納已經有點忍受不住了：「這種感覺真太不好受了，那些遭遇海難的人們餓上好幾天，會是什麼滋味啊！他們不僅要面對飢餓，而且還要防止野人的侵襲，真是太可怕了。」

　　天色越來越晚了，恐懼和飢餓已經完全占據了凡爾納的內心：「還是算了吧！要在這裡待長了，簡直就是一個噩夢。家裡多好啊！能吃上可口的飯菜，還有保爾和我一起玩。唉！海水一退就馬上回家去吧！」

　　時間在慢慢地過去，海水終於退下去了，凡爾納已經早把魯賓遜拋到九霄雲外去了，他迫不及待地逃離了小島。

　　一回到家裡，他就奔向飯桌，然後狼吞虎嚥地大吃起來。

　　一家人看著他那餓死鬼投胎的樣子，不由得又好笑又疑惑：「今天他怎麼這麼餓啊？」

　　就這樣，凡爾納的海島處女秀結束了。等夏天過去，一家人又回到了南特。

　　凡爾納14歲的時候，全家搬到了小山丘上的讓·雅克盧梭街6號，證券交易所和法院中間的一所寬敞的新居。這樣皮耶爾工作起來就更方便了。

　　這裡距河邊只有幾十米遠，凡爾納仍然有機會跑到碼頭上去，蒐集那些來來往往的人們帶給他的各種「海上見聞」。

　　凡爾納對自己的表姐卡羅利娜，從懂事時起就深深地迷戀她。想起她 1839 年在蓋爾謝表演時那優雅的倩影，怎能不叫人產生某種憂傷呢？她那時才 12 歲，但已經回眸凝視比她小 1 歲的表弟凡爾納了。

　　卡羅利娜長得十分美麗，但是行為卻略帶輕佻，為了使自己在周圍的朋友中建立威望，她對取悅一位少女所能提供的各種藝術手段早已心領神會。

　　12 歲女孩已經是小女人，她們相當乖巧，懂得只要招人喜愛就能吸引人。

　　這位瘋瘋癲癲、感情充沛的表弟，曾冒險地進行過一次離家出走，他可是一種易燃物質。讓他著火吧，對她來說，這興許也是一件有趣的事。儘管她並不熱衷這種遊戲，但即使她不觸動他的心，他向她作出的獻媚無疑會撩起她的虛榮。

　　這是一場遊戲，對卡羅利娜來說根本算不了什麼。倒楣的是，凡爾納這位多情的小夥子，他拼湊了各種越來越獨斷的夢想。他切切實實地思念她，自以為有朝一日能將自己的生命與這位俏麗的表姐連繫在一起。

　　一天黃昏，凡爾納走進了母親的房間，臉漲得通紅，低聲對母親說：「媽媽，我想對您說一件事。」

　　索菲以為凡爾納又惹禍了，盡量鎮定地問：「我的兒子，又發生什麼事情了？」

凡爾納羞澀地說：「我發現，我愛上表姐卡羅利娜了。」

索菲大吃一驚：「你不是開玩笑吧？」

「不是，我對這位女孩產生強烈的興趣，她不止一次地闖入到了我的夢境之中，而且在好幾個月的時間裡，她唯一地占據著我的心靈。」

但是，索菲非常了解卡羅利娜的品性，她勸兒子說：「既然這樣，我不得不提醒你，親愛的朱爾，這可能只是你的一相情願，事實可能根本不是這樣，你表姐根本不會有和你相同的想法。」

凡爾納對母親的話深感傷心：「媽媽，但願不像妳說的一樣，否則我會傷心死的，因為我堅信我真的愛上了她。」

但卡羅利娜注定讓凡爾納傷心。兩人漸漸長大。隨著歲月的流逝，他們之間的鴻溝越來越深。這位少女已長大成人，也就是說，已到了結婚的妙齡，然而，凡爾納卻仍像少年時代那樣局促笨拙。

1846 年，凡爾納中學畢業，雖然他是個出了名的「娛樂大王」，學習並不非常刻苦，但還是輕而易舉地取得了中學畢業證書。

隨後，凡爾納面臨籌劃就緒的前途。皮耶爾制訂的家庭計畫早已形成，要實現這項計畫並沒什麼困難：他是長子，理所當然地要接替父業，保爾將去當海軍軍官，至於他們的幾個妹妹，她們將要過門出嫁。

　　因此，凡爾納離開學校之後，父親要他開始接受法律教育，把他留在南特自己的事務所裡攻讀法學。他所使用的是當時通用的論著和教材。雖然他並不喜歡做這些事，但又無可奈何。

　　這些功課並未排除他的痛苦。這種痛苦是在當他聽到卡羅利娜訂婚的消息時產生的。

　　1847 年冬天，為卡羅利娜舉行訂婚舞會的時刻來臨了，這對於一位女孩來說，可是一個她使用大自然提供給她的武器開始與其他女性戰鬥的時刻。

　　卡羅利娜非常漂亮，許多人都紛紛向她求愛，甚至包含自己的表兄弟。她開始漫不經心地逐個品評她的求愛者。她認為，年紀尚輕的凡爾納不是一個可靠的對象。求婚者不乏其人，卡羅利娜只需在這夥年輕人當中加以挑選。

　　他們之中的一位似乎顯得特別殷勤，凡爾納對他產生一種強烈的嫉妒。哦！讓·科米埃這個傢伙！凡爾納一直盯住他不放。

　　可是，這個可憐的讓·科米埃大概也跟他一樣受到鄙視，因為卡羅利娜選擇的居然是德佐納！

　　消息傳來：婚禮在來年 4 月 27 日舉行！這對凡爾納而言簡直是當頭一棒。

　　凡爾納傷心至極地想：「我真的沒有一點希望了嗎？那我除了死掉，還有什麼更好的辦法呢？」

　　凡爾納對卡羅利娜所能奢望的計畫就這樣破產了。對此，他的父母並沒感到惱火，這是意料之中的事。大概是他們並不贊成表親之間結合的緣故吧？

　　為了讓凡爾納避開這場婚禮，以免他受到更大的刺激，於是父母決定讓他離開南特，到巴黎去參加開學時的法學考試。

　　1847 年 4 月初，凡爾納登上輪船，沿盧瓦爾河逆流而上，中途再轉乘通往巴黎的火車。那是他生平第一次坐火車。

　　到了巴黎，凡爾納住在姑媽夏律埃爾泰雷茲街 2 號的家裡。面對著脾氣暴躁的姑媽，家裡人都小心翼翼地盡量不惹她，所以凡爾納心裡非常鬱悶。

　　凡爾納在致父母的信中說：「這幢住宅裡，是沒有空氣也沒有聲音的枯井，簡直沒辦法住人。」

　　因此，他每天早早起床，急忙吃過早點，便匆匆趕到塞納河左岸拉丁區，一直到很晚才回到下榻處。

　　在夜朦朧、月朦朧的黃夜裡，古老的唐貝大廈這個龐然大物從霧靄中突然出現在遲歸的夜行人眼前，不由使他置身於歷史河流之中；如同回到 300 年以前。

　　雖然考試在即，但凡爾納為了排遣心頭的鬱悶，竟然躲在房間裡一口氣完成了從去年冬天就開始的 5 幕詩體悲劇《亞歷山大六世》。

隨後，凡爾納通過了第一學年的法學考試。考試一結
束，他就從巴黎出發南行，告別巴黎前，他在皇家廣場流連
忘返。瞻仰了他心中的「聖人」雨果的宅邸：沉睡的四壁、
緊閉的百葉窗、廣場附近悄然無聲的古老住宅。這裡是巴黎
古都的心臟，在這裡曾住過許多名人騷客，如黎胥留、高乃
依等。

在凡爾納看來，這個既往的朝代，依舊那麼生機勃勃，
那麼聲威煊赫，他大概怎麼也想不到，王朝已臨末日。

離開巴黎，凡爾納來到父親的家鄉普羅萬，在姑媽家裡
住了些日子。在那裡，他重新感受到了親人的溫暖。秋天，
他必須勤奮攻讀，準備迎接冬季大考。

母親給他來信了，告訴他表姐已經舉行了婚禮。凡爾納
徹底斷了念頭，立刻返回了尚特內，他毫無熱情地泡在法學
書堆裡，等待開學。

只是那一段時間裡，他總是表現得心不在焉，沉默寡
言，面帶憂鬱，甚至有時半天都看不到他的身影。索菲和皮
耶爾對此深感擔憂。

皮耶爾說：「不知道朱爾又到哪裡悶起來了。」

索菲長嘆一口氣說：「是啊！他老是這麼壓抑，早晚會出
毛病的。真沒想到，卡羅利娜的結婚會對他造成這麼大的打
擊。你注意了沒有，他現在拒絕和女孩子一起跳舞，而且時
不時表現得很暴躁。」

　　保爾報考了海軍學校，雖然因為體檢不合格而未能過關，但隨後卻到一艘船上做了船員。他真羨慕保爾，終於能從事自己喜歡的職業，而自己卻還要無奈地啃那些無聊的法學書籍。

　　儘管如此，凡爾納卻從未放棄自己的文學創作，他繼續進行劇本的寫作，他的詩曾經在南特的文學團體中廣為傳頌。

　　凡爾納由此受到了極大的鼓舞，他堅信自己有文學的天賦，將來肯定會成為一名作家。

　　1848 年革命前夕，法國民眾，特別是青年一代對法蘭西王朝極度不滿。2 月，工人和革命群眾奮戰了幾天後，終於推翻了七月王朝，並於 25 日宣布成立共和國。

　　但是，革命的成果很快就被資產階級竊取了，巴黎的工人為了維護自身的利益，於 6 月舉行了規模更大的起義，可是起義很快被鎮壓下去，10,000 多名工人遇害。

　　而凡爾納生活在古板家庭中，處於法律學教條和羅馬天主教教義的雙重壓力下，沒有個人自由可言。他在六月革命剛爆發後來到了巴黎，參加第二次法學考試。他和表哥亨利・加塞住在一起。

　　1848 年 7 月 17 日，凡爾納從巴黎發出一封信，給父親開列了他的旅費的明細支出帳，同時還描述了這次騷亂所造成的損失。

我看得出來，您在外省一直感到恐懼；您比我們在巴黎還要害怕。著名的 7 月 14 日這一天已經平靜地過去了；現在，他們確定 24 日焚燒巴黎，但這並沒妨礙這座城市像平時那樣充滿快活的氣氛。

凡爾納到街上走了走，看到牆壁上布滿了彈痕，許多建築物都被毀壞了，他想像著當時發生的激烈戰鬥場景，心中很難過。

凡爾納再次通過了考試，但他討厭主考官突然襲擊式的提問。在 7 月 21 日的信中，他向父親陳述說：

> 主考人總喜歡挖空心思地尋找一些最難以回答、最出人意外的問題當面質問你，然後又對你說：這些問題，我已經在課堂上講過了。
>
> 有些人跟我一樣，對這類問題根本無言以對。我心裡明白，每當臨近考試的時候，人們便後悔沒竭盡全力去攻讀法學。去年也是遇到這種事。對此，明年必須作出深刻考慮，注意到這一點也許是必要的。

皮耶爾考慮到兒子的前途，當即作出決定，讓這位三年級的大學生於 1848 年秋定居巴黎。

闖蕩巴黎

我就像一部機器那樣一直在有規律地運轉著,但我
絕不會讓機器熄火。

—— 凡爾納

搬離南特定居巴黎

1848 年 11 月 10 日，凡爾納從南特搬離定居巴黎。

他之所以選擇在這一天離開南特，是為了慶祝新共和國政府成立，1848 年 11 月 12 日，共和國臨時政府準備在協和廣場宣布新憲法。

路易‧拿破崙擔任第二共和國總統。慶典極為隆重。尤其讓年輕人感興趣的是，會上新任巴黎大主教將宣讀新的自由憲章全文，並且朗讀聖歌《感恩讚美詩》。

凡爾納的朋友愛德華‧博納米聽說，有一輛國民小分隊的官方火車將要趕到巴黎去。於是這天一大早，他就叩響了凡爾納家的房門。

在得知自己將會定居巴黎之後，這些日子凡爾納一直沉浸在興奮之中，博納米與他相約今天出發。於是聽到敲門聲，他從床上一躍而起，奔到門口問：「是博納米嗎？」

「凡爾納開門，當然是我，太陽都晒屁股了，我們趕緊動身吧，再遲就趕不上那列火車了。」

凡爾納把手指放在嘴邊「噓」了一聲，把博納米拉進屋內，「小聲點，爸爸可能還沒醒呢！我們不要吵醒他。你在這等我一下，我拿出皮箱我們就動身。」

博納米這才意識到，自己說「太陽晒屁股」是不正確的，現在才只凌晨 4 時。

　　但索菲早就起來了，兒子就要離開她了，她幾乎整晚都沒有睡好，早點早就準備好了，她端到兒子的房間。

　　博納米趕緊站起身來：「您好夫人，吵到您了吧？」

　　索菲微笑著搖了搖頭，答非所問地說：「孩子，一起吃點東西吧！要走很遠，餓著肚子可不行。」

　　凡爾納說：「來不及了，我們現在就得走，否則就錯過火車了。」

　　「哦！這麼急嗎？」

　　博納米趕緊幫腔：「是啊！時間真挺緊的。」

　　索菲看著兒子，眼中溢滿了分別的淚水：「那好吧！不用向你父親道別了，我過後會告訴他的。一路多加小心，遇到什麼難處就跟媽媽說，實在不行就再回來。」

　　凡爾納吻了一下母親的前額說：「放心吧！媽媽，我知道了。您自己注意身體，也要讓爸爸保重。」

　　說完，他提起皮箱，和博納米匆匆走出了家門。

　　兩個年輕人趕到馬路上，坐上一輛去火車站的馬車，他們的旅程就開始了。

　　坐在馬車上，凡爾納一直回頭凝望著南特。馬車駛離格拉斯廣場，他最後回眸望一望廣場噴泉，還有象徵南特城的大理石雕像以及象徵注入盧瓦河的 13 條支流的 13 尊銅像。

　　他對這個他生活了 20 年的港口城市產生了無限的留

戀：多少童年的歡樂，多少年的幻想，都留在了那著名的布列塔尼公爵的城堡下、教堂裡，尤其是和保爾一造成那千帆競發、繁華喧鬧的碼頭。別了我的少年時代，別了我的美好記憶。

突然，凡爾納不由得又長嘆了一口氣，因為也是在這裡，他傷心地想道，親愛的表姐竟然嫁給了別人！

「讓所有的一切都結束吧！讓所有的快樂和悲傷都通通見鬼去吧。」凡爾納在心裡說，「我終於離開這個地方了，遠離那些躁動不安的少年歲月，大家現在都不歡迎我。我總有一天會讓你們明白的，你們一直認為很可憐的那個青年——朱爾·凡爾納會成為怎樣的一個人。」

馬車穿街過巷，終於奔到了圖爾火車站。

他們慶幸地看到，開往巴黎的那列載有國民小分隊的火車還沒發走，不過已經響起了嘹亮的汽笛聲，警衛們大部分都上車了。凡爾納和博納米對視了一眼，夾在警衛中間擠上了火車。

列車員正畢恭畢敬地安排那些非常重要的旅客，突然發現了這兩個很另類的年輕人。於是他走到凡爾納和博納米面前。

「小夥子，把你們的證件拿出來。」

兩個人掏出證件遞了過去。

「哦！原來你們不是警衛。」

「是，我們是大學生。」

列車長聞訊走過來對他們嚴肅地說：「這列車只允許官方的警衛乘坐，抱歉請你們馬上下車。」

「先生，雖然我們不是警衛，但我們是非常支持新共和政府的，所以特意今天前去慶祝，如果我們錯過這列火車的話，就趕不上那場盛大的慶祝大會了。」

「那也不行！這是專車，絕對不允許非官方人員混入。要是你們還賴著不走的話，我就只好把警衛官請過來，你們就會有好受的了。」

他們沒轍了，只好下車改乘其他開往巴黎的火車。

年輕的凡爾納坐在火車裡好奇地向車窗外張望：車窗外，法國中部平原沃野、蔥綠茂密的叢林和清澈的河水一一閃過。前面就是他久已嚮往，又陌生的法國首都。同時，他心裡忐忑不安，巴黎將怎樣接待他呢？

凡爾納和博納米兩人到達巴黎時，已經是 11 月 12 日的夜晚了。協和廣場已經燃盡了最後一批煙火，凜冽的寒風撕扯著溼漉漉的旗幟，鵝毛般的大片雪花飄灑不停。廣場周圍的大街小巷塞滿黑壓壓一片片的士兵列隊，又冷又溼畏縮著身子的市民，這一切在他們頭腦中留下一種好像莊嚴殯葬之後的蒼涼慘淡印象。

開始獨立生活

凡爾納和博納米來到巴黎的當天，就滿懷著激動的心情與新鮮感，首先去參觀了協和宮，然後，他們才去找落腳的地方。

經過旅途的勞頓，他們早已經疲憊不堪了，但他們卻還得拎著沉重皮箱，邁著灌滿了鉛一樣的雙腿，逐條街道去打聽有沒有合適的出租房。

他們不知道走過了多少臺階，穿過了多少街道，最後來到舊劇院街 24 號，這才尋到了兩套合適的房間，而且房子裡還帶有一些必需的家具，房主開的租金是一個月 30 法郎。

凡爾納感覺，能在巴黎生活，他就已經得到了身心上的解放，他可以自主地安排自己的生活了。

凡爾納是一個愛幻想的人，而且他住的這個地方，正處在塞納河左岸，這是文人、藝術家、學士薈萃的地方，也是共和派的根據地。他總覺得似乎生活在一座海濱城市。

這裡喧鬧的餐館和咖啡廳，有各種典型建築；每逢夜間，大街上人聲鼎沸，濃霧瀰漫。微風不時帶來塞納河的潮溼氣息。

現在，對凡爾納來說，巴黎再也不是去年在皇家廣場的皇家巴黎，而是一個離自己夢想越來越近的都市了。

之後，凡爾納匆匆閱讀有關大革命的報刊，了解整個革

命進程，因為在南特只能了解零碎的事實真相。

1848 年 2 月 22 日，憤怒的巴黎市民湧向街頭，傍晚，工人區自發地築起街壘。2 月 23 日，聖安東區，皇家士兵的機槍宣告了法國君主制度的覆滅。

國王倉皇出逃英國，民眾擁進王宮，工人們搶坐皇帝寶座。有人在寶座寫上：「巴黎民眾向全歐洲宣布：自由、平等、博愛。1848 年 2 月 24 日。」

自由、平等、博愛！在朱爾·凡爾納看來，這幾個詞具有神奇力量！

但是，巴黎人民起義推翻封建王朝，為什麼起義人民又遭到共和國臨時政府的殘酷鎮壓呢？這中間又有什麼聯繫呢？年輕的凡爾納並不明白。

凡爾納的生活也並不是處處充滿詩意的。首先，他感到力不從心的就是錢，每到月底，他就不得不想辦法來應付催討房租的女房東。

皮耶爾由於擔心凡爾納自己在外面缺少管束，如果給他錢太多了會不務正業，變得游手好閒，所以嚴格控制他的生活費用，每個月只給他寄 125 法郎。

但是，凡爾納每個月僅房租、吃飯就得花去至少 100 法郎，另外取暖費、照明費、郵資以及日用品就只能靠剩下的25 法郎來應付了。他只好省吃儉用，盡量縮減開支。

　　他覺得，公寓裡的飯菜比較貴，他就到小餐館去吃飯。有時為了省下一點錢，他甚至一天只吃一頓飽飯。

　　凡爾納從巴黎寫的第一封家書，字數有限，精練而簡短，詼諧而含義深長，他說：「我每月只得到 125 法郎，而不是 150 法郎，我親愛的爸爸，只剩點點餘額購買奢侈品，比方針筒！房租 35 法郎，伙食至少 65 法郎，加起來就是 100 法郎，還有 25 法郎用來買木柴、付照明費和寄信，我剛買了一雙鞋，還要補衣服、買紙等。我的牙齒長，胃口大，麵包特貴。」儘管此信略略數語，語句詼諧，卻道出了真情。

　　凡爾納這時已經迷上了戲劇，但在這個文化大都市裡，各種戲劇演出接連不斷，他常常會因為沒有錢觀看而苦惱。

　　有一天，他找到劇院的老闆，難為情地低聲說：「先生，我非常想看在您這裡上演的戲劇。」

　　老闆微笑著說：「感謝捧場，那就請您進去吧！」

　　這下凡爾納更難為情了，他羞澀地說：「但我得向您說明一個情況，我身上沒有錢，我不知道該怎麼向您解釋。」

　　老闆看著這個自尊心很強的年輕人，思索了一下說：「出於對你這樣熱愛戲劇的年輕人的愛護，我允許你白看一場戲，但我可不能開這個先例讓你每場都白看。你看要不這樣……」

　　沒有老闆把話說完，凡爾納就急切地說：「只要讓我在您這裡看戲，讓我做什麼都可以。」

老闆伸手示意他冷靜一下，然後說：「我們這裡需要一些特別的觀眾，他們要在某個演員上場或根據劇情的需要帶領大家鼓掌，以帶動劇場的氣氛。雖然這有時會招致另外一些演員或觀眾的反感，但你必須這樣做，這活你能做嗎？」

凡爾納毫不猶豫地答應了。

老闆又補充說：「其實我告訴你，巴黎的其他劇場都需要這樣的觀眾，你要真喜歡看戲的話，也可以到其他劇場不花錢看戲。」

這個消息令凡爾納欣喜若狂，他奔回住所，把這個「福音」傳遞給了博納米，那天他們就像過節一樣快樂。

現在看戲已經不成問題了，但凡爾納愛書的積習難改，儘管還食不果腹、衣著寒酸，但他還想買一些名家的戲劇書籍。

有一天，凡爾納站在書店的櫥窗前，貪婪地凝視著那裡擺著的「得檳版」精裝莎士比亞和司各特全集。那種渴望，甚至讓他像發了瘋般渾身顫抖。

博納米害怕凡爾納真的發瘋了，他關切地說：「還是寫信給你父親，懇求他再加一點買書的費用吧！」

凡爾納無奈地搖了搖頭：「我12月上旬已經給他寫過信了，說我非常渴望得到一套《莎士比亞全集》，但他沒有答應。」

看到博納米很吃驚，凡爾納解釋說：「他認為我看這種書是荒廢學業，他只希望我把法律學好。」

最後，凡爾納終於經受不了莎士比亞的誘惑，他毅然把準備改善「包裝」的購衣專款 60 法郎買了書，為此害得他好幾天用梅子充飢。

正式走進文學圈

此前，人們對路易‧拿破崙可能成為獨裁者心存憂慮，而如今，這種擔憂已成為殘酷的現實。當他即位伊始，在巴黎，自由、平等、博愛，幾成禁語和違詞。各種政治俱樂部已被取締，只有在沙龍裡尚可小心翼翼交流思想。

但這一類豪紳顯貴、名流雅士、貴婦名媛集會的地方的門檻，對於清貧寒酸、衣著粗劣的大學生，是高不可越的。

為了從多方面來獲取知識，凡爾納努力接近文學界，他為了滿足自己對文學的渴望，強烈地想要參加巴黎的沙龍活動。

第二年春天，凡爾納的舅舅普魯東和畫家姨父夏多布爾來到巴黎參觀美術展覽，順便看望圈裡的好朋友。他們在巴黎上流社會交遊甚廣。

於是，當時在巴黎的有名沙龍，如喬敏太太、馬里亞太太、巴雷太太的時髦沙龍，先後為凡爾納開了方便之門。

　　進入一個文學沙龍，這意味著使他能與吸引著他的文學界人士交往。在文學沙龍裡，那些知名人士出出進進，他們都衣冠楚楚，穿著講究。可是，一個嚴重的困難擺在他們面前：凡爾納和博納米只有一套禮服！

　　因此，凡爾納並未成為紈絝子弟們集會的座上常客。因為這些貴族子弟異常淺薄，並且裝腔作勢，故弄玄虛。他們不過在此消磨光陰、排遣煩惱、打打橋牌，空談時事和政策，裝點門面。所以在凡爾納看來，這些沙龍只是結交新朋友的機會而已。

　　為了珍惜與文學界交往的機會，凡爾納與博納米想出一個不得已的辦法，他們輪流穿那一套晚禮服和一雙新皮鞋。所以他們也只能每晚一個人去輪換著走進沙龍。

　　剛開始，凡爾納經常去若米尼太太和馬里亞太太的沙龍，但不久他就發現，若米尼太太的沙龍具有政治色彩，她一開口便滿口不絕的政治，其實空無內容，索然乏味，因此他很快將之拋棄了。

　　而對於馬里亞太太的賓客們的談話，凡爾納又覺得缺乏誘惑力。至少，這是他在 1848 年 12 月 29 日給家裡寫的信中所表達的最初印象和稍微有點草率的判斷：

　　　　我越是到文學界人士的夫人家裡，越發現得這些文學信徒所掌握的知識多麼廣博浩瀚。我很希望

她們都是一些學識相當淺薄的人，但不管怎麼樣，她們使談話具有某種我無法表述的色彩。

這種色彩猶如那些上過漆的、閃閃發光的材料雖然粗糙，卻非常賞心悅目的青銅像一般，烘托出了談話的光澤。況且，這些談話和青銅像，人們廉價地便可以獲得。

不管怎麼樣，這些在最高階層受到接待的女人，與當代最顯赫的人物似乎打得十分火熱！拉馬丁、馬拉特、拿破崙都來跟她們握手；一邊是伯爵夫人，一邊是公主太太；她們談論車馬、錫器、獵人、皮毛、羽飾、文學；她們根據各種嶄新的，但充滿虛偽的觀點去評斷人。而在巴雷太太的沙龍裡，你可以自由呼吸。

不久，凡爾納就成了巴雷太太沙龍的座上客。巴雷太太是凡爾納母親索菲的朋友，所以對他另眼相待，這使凡爾納少了許多拘束。

在巴雷太太的沙龍，凡爾納認識了許多許多浪漫派詩人和作家。尤其令他高興的是，巴雷太太介紹他認識了《自由報》編輯孔特‧德‧科拉爾伯爵。顯然，這位巴黎編輯對凡爾納的印象也很好。

凡爾納隨後在家信中寫道：「這位科拉爾先生是維克多‧雨果的朋友。如果雨果同意接見我，他將陪同前往，到那時，我會認識更多的文學朋友。」

　　「詩聖」雨果是法國浪漫主義文學重要代表人物，自1827 年出版了詩劇《克倫威爾》，接連發表了許多浪漫主義的戲劇、小說和詩歌，成為法國浪漫主義文學運動的領袖。

　　而且，在這革命的年代裡，雨果不只是詩人，而且在革命伊始，就在人民一邊，他被選為國民大會代表，並坐在代表人民立場的議員的左側席位上。在此期間他寫了許多政治論文，呼籲大赦和廢除死刑等。此時，雨果作為人民的喉舌，其影響已遠遠超越法蘭西國界。

　　在這年冬季，雨果住在奴維爾大街的上坎高坡上的土爾道溫路 37 號宅邸。科拉爾答應凡爾納一定找機會帶他去拜訪雨果後，剛走進文學圈的凡爾納當然激動不已。

　　那一天，凡爾納穿著他的節日用西裝，借用英亞的新領帶，手提舅舅的銀頭手杖，與科拉爾先生一起攀登坡道。科拉爾先生以頌揚的口吻講述「詩王」的生活方式和習慣。

　　他說，雨果親自動手設計和布置新居。在他的新宅裡，集古今藝術品收藏之大成，有古瓷器、各國地毯、各類象牙雕刻、威尼斯玻璃器皿、古今東方和西方民間繪畫、名家名畫等不一而足。

　　他陳列的方式不同於陳列館和一般的收藏家。例如，古人盛物箱子和寺院椅子成了壁爐裝點物，教會唱詩班的樂譜架改用燈臺，祭壇上的圍罩改作牙床的華蓋，中世紀的木俑在這裡叫做「自由俑」，在餐廳的榮譽席上立著木刻牌「先

考之位」，並用鎖鏈圈起，謹防他人擅自入座。

科拉爾先生還說，這座古老住宅的四壁、天棚、壁爐、門窗、家具和其他空地方，都刻著拉丁文和法文的箴言或警句。雨果喜愛並長於繪畫，室內陳設，不少都是他親手設計的。

當年輕的朱爾·凡爾納踏上雨果正廳臺階的時候，誠惶誠恐，真有點受寵若驚。門敞著，是一間不大的摩爾人款式的客廳，一排寬大的落地窗對著塞納河。

維克多·雨果立在窗前。而站在窗前，可以鳥瞰整個巴黎。雨果夫人與他並肩而立，對面是一位穿大紅坎肩的男人。這位男士是詩人齊奧菲勒·戈蒂埃，被譽為法國浪漫派「神聖連隊」的旗手。

雨果彬彬有禮地問道：「請坐，請談談巴黎的觀感吧！」

凡爾納直至以後才明白，這麼說只不過是一種客套話。當主人不知對客人說什麼好，常以此來寒暄。而他作為一個初到巴黎的外省青年，未曾發表一首詩的詩人又能說什麼呢？

隨後，在巴雷太太的沙龍裡，凡爾納與一位叫阿爾彭蒂尼的騎士相識。他是在巴黎貴族圈子裡紅極一時的食客，一個了不起的手相術家，他和著名小說家大仲馬很熟。大仲馬不僅醉心於手相術，對筆相術、巫術和扶乩術也情有獨鍾。

大仲馬從來不長時間逗留巴黎。他乘自家的豪華遊輪去

阿爾巴尼亞來一次旅行之後，就蟄居在聖日耳曼城的「基督山」城堡裡面。大仲馬創作了大量的長篇小說、中篇小說、正劇、悲劇、喜劇、滑稽劇、雜劇、游記、記事體文學等作品，僅長篇小說就多達 500 多部之多。

巴雷太太與亞歷山大‧仲馬之女、仲馬太太過從甚密。而且阿爾彭蒂尼騎士允諾，他下次去聖日耳曼城，將帶凡爾納一同前往。

凡爾納與大仲馬初次會見，沒有像與維克多‧雨果會見那種悵然若失的感覺。他覺得雨果過於氣宇深穩和淡雅平和。而大仲馬的外貌也可證明他是與眾不同的人。

那一次，凡爾納自一場晚會早退，下樓時他忽然童心大發，沿樓梯扶手悠然滑下，不想正撞在一位胖紳士身上。

凡爾納非常尷尬，道歉之後隨口詢問對方吃飯沒有，對方回答說剛吃過南特炒雞蛋。凡爾納聽罷搖頭，聲稱巴黎根本沒有正宗的南特炒雞蛋，因為他即南特人而且拿手此菜。

胖紳士聞言大喜，誠邀凡爾納登門獻藝。這位胖紳士就是大仲馬。

大仲馬是個彪形大漢，長著一頭黑人的捲曲濃髮，一張河馬式大臉盤，臉上有一雙明亮、機警和狡黠的小眼睛，很有魅力。那一張大臉盤使人聯想起滿月時月亮表面的斑斑點點。他那微沙啞的說話聲，像水量充沛但不急湍的瀑布聲響。

　　同時，凡爾納還注意到，這位「語言大師」的語言與其說華麗端莊，不如說淳樸敦厚。這位奇人能言善辯、口若懸河，他有一個了不起的特點，那就是不管和對手談論什麼，他都能駕馭，並能完全左右話題。

　　在大仲馬的家中，凡爾納還結識了大仲馬那位於 1848 年因發表了小說《茶花女》而一舉成名的兒子小仲馬。

　　大仲馬特別欣賞凡爾納敏捷的口才。他當時連續發表了《三個火槍手》、《基督山伯爵》等風靡法國的著名小說，正處於創作的輝煌頂峰。

　　凡爾納對大仲馬的賞識激動萬分，他在給父母的信中寫道：

　　　　與文學直接接觸，預感到不斷徘徊於拉辛與莎士比亞、斯克里布與克萊爾維爾之間的文學今後將取的形態，這的確是一件極其新鮮、極其美好的高興事兒。

　　　　我要跟歌德一道思考、吟誦：使我們幸福的東西沒有一樣不屬幻想。

抓住機會進行實踐

凡爾納第二次到達巴黎，結識大仲馬並受到這位赫赫有名的大作家賞識以來，他們之間往來頻繁。凡爾納對大仲馬的崇敬之情也日益濃重，從事文學創作的願望更加強烈。

有一次，凡爾納同一位朋友談話時說過：「當我第一次會見大仲馬的時候，我就下了決心：他為歷史作出了貢獻，我將為地理而奮鬥。」

1849 年 2 月 17 日，大仲馬親自指導，在他創辦的歷史和抒情劇院重新排演《青年火槍手》，特請凡爾納到他個人包廂看戲。

這一年冬天，凡爾納多次來到聖日耳曼城這座劇院。和他並排看戲的人，有詩人戈蒂埃、文藝批評家朱爾·燕南和當時最出風頭的記者儒拉根。小仲馬還為他介紹池座中的名人雅士，有政治家、作家、批評家、演員和其他各界名流。

朱爾·凡爾納覺得，自己已經是真正的巴黎人，並已躋身於作家之林了。

不久，凡爾納終於通過了最後考試，取得學士學位。他前程已成定局。他不必再做外省律師的助手，可以返回南特成為皮耶爾的同事了。

凡爾納的祖父安托萬是律師，父親皮耶爾也是律師，還有他的曾祖父也是公證律師和法院書記。說凡爾納家族是律師世

家，是名副其實的。然而，要想當律師就必須離開巴黎！

　　個人前途選擇問題，使凡爾納夜不成寐，是回南特做律師還是留在巴黎當作家，確切說當劇作家呢？

　　在他看來，雨果是「詩聖」，他的聲譽高不可攀，他是一座冰冷的紀念碑；而大仲馬是煙火術士，雖然光彩照人，聲名遠颺，但不必仰視。

　　最主要一點，大仲馬認為「文學創作不是靠天資聰慧或靈感超人，而是靠有才華的勤奮者終生不懈的艱苦勞動」。這種觀點，使凡爾納倍感親切，也最為動情。

　　凡爾納完成學業之後，並未立刻告別巴黎回南特省親。皮耶爾得知兒子通過考試，除略表祝賀外，雖說他期盼兒子歸省，卻未加催促。皮耶爾覺得，兒子不過 22 歲，可以在巴黎度假，開闊眼界，增長才幹。

　　這期間，凡爾納為了獲得更多的實踐機會，主動幫助大仲馬做劇院管理方面的工作，而且不知疲倦地接連創作劇本。

　　他寫出了 5 幕詩體悲劇《火藥商的陰謀》、獨幕喜劇《拉伯雷的一刻鐘》、5 幕悲劇《路易十五時代的一場悲劇》、兩幕滑稽歌舞劇《阿布拉達》等戲劇作品。他把這些劇本送給大仲馬看，並希望能被選中一個在劇院上演。

　　大仲馬把凡爾納的劇本都仔細看了一遍，最後選中了其中的一個詩體獨幕喜劇《折斷的麥稈》。

　　1850 年 6 月 12 日，《折斷的麥稈》在唐貝大街那座雄偉華貴的歷史和民族大劇院首次公演。凡爾納坐在大廳裡看著他劇本中的人物變得活生生的，親耳聽到由別人嘴說出自己的語言，有點飄飄然。

　　《折斷的麥稈》的劇情其實十分簡單：一個才人有位年輕的妻子，她看中了一條項鏈，但丈夫卻不想把這條項鏈給妻子。於是兩個人就用當時流行的方式來打賭，來決定誰來擁有這條項鏈。

　　他們折斷一根麥稈，從這時候起，誰要是接受對方的任何一件物品便算輸。兩人挖空心思，彼此都想給對方來個措手不及，但始終沒獲成功。

　　後來由於丈夫出門，妻子招來了從前的一位求愛者。侍女把他藏在壁樹裡，丈夫也有所懷疑，便向侍女要壁櫥的鑰匙。他得到了鑰匙，但打賭輸掉了，不得不獻出項鏈。

　　其實，類似折麥稈打賭，年老的公爵和他的小妻子，嬌嫩欲滴的 18 歲美女以及小公爵夫人的情夫英姿勃發的驃騎兵的形象，在法國舞臺上早已司空見慣，沒有什麼新奇、獨到之處可言。

　　然而詩作生動活潑、鏗鏘悅耳、插科打諢、機靈俏皮、入木三分，深受觀眾的歡迎，本劇在巴黎竟然連演 20 場，並且得到巴黎批評家們的肯定。

朋友們為了表示慶祝，在一位作曲家的住處舉行了宴會，與會的全是年輕的詩人和作曲家。

會後，有 11 位年輕人共同組成了一個戲稱為「十一條光棍」的俱樂部，因為大家都是男性，又無家室。

他們是巴黎人，都來自外省，但他們有能力「征服」巴黎。他們約定，每週在一個小餐館聚會一次，討論文學事件，交流創作計畫，朗誦詩歌，演奏彈唱。

凡爾納是這個小團體的公認首領，他語出雋妙，頻添佳趣，給每次聚會增添無限情趣。

按照自己的愛好發展

1850 年，凡爾納回到南特休假，他突然發現，他在故鄉已經成了一個名人。因為他的首次成功，在巴黎除了那些光棍朋友，不會有什麼人注意，但在南特卻產生了巨大迴響。

1850 年 11 月 7 日，《折斷的麥稈》在南特城格拉斯蘭廣場老劇院舉行首演式，在整個南特城引起轟動。當幕落之後，作者凡爾納和演員一起謝幕時，他已成為全城的名人。

當時，全城的上層人物幾乎全部出動了，批評家們也對該劇予以肯定，雖然有人認為劇情有些略傷風化，但其中一位批評家卻說：「只是由於作者的美德和才智，才使這齣戲為人們所接受。」

另一位批評家卻為劇中的老丈夫感到悲傷，他表示：「這件有趣的瑣事，給所有的老年丈夫上了一堂課，讓他們為此而感到絕望。」

朋友們認為這是不小的成功，南特的親友們把凡爾納的成功視為自己的榮耀。有些中學時代的同窗學友，以早年結識這位巴黎劇作家而自鳴得意，對他少年時代種種逸事津津樂道。

但是，唯獨皮耶爾不喜歡這齣劇的輕浮和插科打諢，認為有失體面，他怕兒子成為一個危險的作家，一直想辦法使他停止在文學道路上的腳步。

「休假」結束後，凡爾納本應回到皮耶爾當時已頗具規模的律師事務所，可是他卻回到了巴黎。於是，父親的剛毅冷峻的性格與兒子的固執任性的脾氣終於發生了衝突。

凡爾納滿懷熱情地接近文學，他曾在給父親的信中，談到自己對文學的看法：

> 「只要在法國還存在一位能觸動我們心靈的詩人，就讓部長、總統和國會通通見鬼去吧！而激盪我們心靈的詩人永世長存！我贊成歌德的一句話：「能夠使我們幸福的沒有一樣是幻覺。」

皮耶爾意識到，兒子的這種想法非常危險，他對兒子的前途感到擔憂，於是用極嚴厲的措辭給凡爾納寫了一封信，力圖阻止他再與藝術界有任何來往。

凡爾納反駁了父親的觀點，他說：

> 「我非常感謝你的忠告，可是，直至如今，我剛剛開始遵循這條行動準則……我自己首先認識到，在這些藝術團體中，既有好的東西需要汲取，也有壞的東西需要拋棄。你們一聽到「藝術團體」這個詞便駭然生畏，可事情本身並不值得這樣大驚小怪……」

因為這時皮耶爾年紀已經大了，應該由朱爾繼承他的法律事務所了。但凡爾納卻決定留在巴黎當作家。他告訴父親：

> 「命中注定我和巴黎攪在一起了。將來，我可能成為一個不錯的文學家，但要當律師，我絕不會比一個瞥腳的律師好多少。那一直吸引我的，我一直夢寐以求的，是文學。」

皮耶爾當然非常傷心，因為從凡爾納出生之日起，他就把他定為自己事業的繼承人，所有希望都寄託在他身上。

但皮耶爾是個非常通情達理的人，他在回信中表示了寬容和理解，兒子已長大成人了，有權選擇自己的前途和謀生手段。雖然這位大學生固執地不肯接受他將給他留下的律師事務所，但他並沒有斷絕給他提供日常生活費用。

就這樣，凡爾納放棄了法律，決定當個作家，至於前途如何，他並未多想。

結識忘年交阿拉戈

　　1850 年夏天，凡爾納利用在南特休假的幾天時間，幫父親打點法律事務所的事，雖然他不想做律師，但也不想讓父親過於傷心。因為他發現，父親已經明顯地駝背了，雖然事務所生意很好，但畢竟只靠父親一個人來支撐。而且兩個人發生分歧以後，皮耶爾心情一直不好。

　　就在這段時間，一個熱情開朗、性情古怪的老頭闖入了他的生活。

　　當時，凡爾納正在事務所裡幫父親分析一個訴訟文件。

　　皮耶爾說：「這是一件船長訴訟水手的案件，他們反叛了船長。因為他們嫌薪水太少，而且工作時間太長，身體都吃不消了。但是，他們竟敢聚眾謀反，真是膽大包天了。」

　　凡爾納卻說：「爸爸，我卻很支持他們的做法。現在都是共和時代了，不能再用奴隸社會那一套，他們應該維護自己的權益。保爾也是水手，我想我們都希望保爾能過得很好吧！」

　　兩個人正說著話，門一開，從外面走進一位老人。皮耶爾給凡爾納介紹：「這位老人就是為那些謀反的水手作辯護的，他叫雅克・阿拉戈。」

　　當時領著阿拉戈進來的是一位僕人，凡爾納這才注意到，這位老人雙目已經失明了。

老人一進門就大聲說：「謀反的水手？我可不愛聽這個詞。那可真是對這些英雄們的誣衊。他們都是一些可愛的孩子。」

皮耶爾趕緊道歉：「老人家對不起，是我失言了。」

接著他就轉移話題說：「這是我的大兒子朱爾·凡爾納，他在巴黎學法學，剛趕回南特，但真讓我傷心哪！他竟然不肯繼承我的事務所，而要當一個作家。」

阿拉戈當即深感興趣：「哦！真是個有個性的小夥子。好啊！等忙完了這件事，我們到巴黎再好好聊聊。」

凡爾納問：「您也在巴黎？」

「是啊！一會我把我的地址告訴你。我也寫過一本書叫《環球旅行·一個盲人的回憶錄》，聽說迴響還不錯呢！那我也算個作家吧，呵呵！」

凡爾納激動地說：「您就是《環球旅行》的作者阿拉戈？」

凡爾納讀過這本書，《環球旅行》是阿拉戈失明後寫成的。令人驚異的是，他竟能在他記憶中，確切地說在心靈深處保留著碧波洶湧的大海、蔚藍瓦亮的天空、多姿多彩的海岸、散落在大洋上的小島。

難能可貴的是，他能把失明前瞬間所看到的稍縱即逝的東西，一一重現在讀者面前！

他書中的情景具有豐富的想像力，總是活靈活現，洋溢著作者的滿腔熱情。阿拉戈筆下生輝，華章佳句，妙語連珠，其中浸潤著一個盲人的稀有眼淚，飽含著一個耄耋老人的可貴熱情。那含而不露的幽默，蘊涵深遠的喻義。

因而，凡爾納捧讀此書，時而口角春風，時而微蹙劍眉，時而忍俊不禁，時而珠淚縱橫。凡爾納不僅喜愛《環球旅行》，更為作者本人的事跡所感動。

凡爾納當即表示：「我回到巴黎，一定會登門拜訪您。」

凡爾納回到巴黎後，真的在一個週日的晚上去拜訪了阿拉戈。

他們徹夜交談，相見恨晚。

阿拉戈的哥哥是當時著名天文學家和物理學家費朗索瓦‧阿拉戈。

透過交談，凡爾納感覺阿拉戈性格乖僻、偏執，但堅忍不拔，他給凡爾納創作上造成很大影響。

阿拉戈雖然已雙目失明，年過七旬，但出奇地樂觀豁達，生命不息，進取不止。阿拉戈是一位不知疲倦的旅行家。在朱爾出生前，他已漫遊全世界。當年的阿拉戈，視力好，記憶力極佳，他所走過的地方的情景全都銘刻在他的記憶之中。

1849 年，雙目失明的阿拉戈發起組織了一個龐大的探險隊，前往淘金聖地北美加利福尼亞。他很愛探險和旅遊，雖然年紀大了身體又不好，但他仍不放棄。

阿拉戈說：「好多人都對我不理解，認為我怪癖，但我才不在乎呢！只要你自己對所從事的職業感興趣，別的都不要管。我在南美洲的時候，曾經見過一種巨大的蔓生植物，你可能永遠想像不到，它竟然有 10 多英里長，我就順著這種植物，一直走到了巴西里約熱內盧附近的小山上。」

凡爾納全神貫注地聽著，深深地被老人的故事打動了。

從此以後，凡爾納不斷地去拜訪阿拉戈。他在這裡經常能遇到一些探險家、地理學家和科學家。他們海闊天空，無所不談，凡爾納時常浮現出小時候的一些幻想，他好像又回到了費多島，看著碼頭上來來往往的大船，「科拉利亞號」揚帆遠航，帶他去到遙遠的印度。這大大激發了他心底深處的探索欲望。

就在這種欲望的鼓動下，凡爾納對地理產生了強烈的興趣，而且透過地理帶動了對其他科學的興趣。他廢寢忘食地學習各門科學，從清晨 5 時就開始起床讀書。這一年夏天，他是在法蘭西國家圖書館大廳度過的。他在試圖獨闢蹊徑，廣泛地涉獵地理、數學、物理、化學等各種學科，累積了 20,000 多頁筆記，為他日後的寫作打下了良好的科學基礎。

頑強地與艱難抗爭

　　1851 年夏天，凡爾納在巴黎的處境異常艱難。他雖然駕馭了詩歌寫作技巧，卻形成不了自己的風格；他的劇本具有法國特有的幽默和詼諧，但全部都是程式化的東西；他的散文作品大多是模仿，既感覺不到作家的內心呼喚，也表達不出作者內心的思想，更缺少以作家豐富想像力塑造出來的活生生的形象。

　　凡爾納已年滿 23 歲，除了一出獨幕喜劇上演外，連一篇作品也沒有發表過，便獨自面對巴黎，獨立闖世界了。他靠什麼生活呢？

　　眼下，凡爾納要生活，而且他覺察得出，他成了父親的一個沉重負擔，因為，他父親雖操勞一輩子，也只能獲得有限度的寬裕。

　　其實，凡爾納並沒有過高的物質要求，只是要維持生存。家裡給他的錢一直就不夠用。所以他必須去找一份工作了。

　　他找了一家律師事務所，工作從早 7 時至晚 21 時。年薪600 法郎，而且 3 年不加薪。這幾乎和一個清潔工一樣，這樣他根本沒有寫作的時間。所以他放棄了。

　　隨後，他到一家銀行工作過一陣子，但很快就感到失望。他只好去給學生上法律補習課。

　　索菲得知兒子在巴黎生活得很困難，就勸皮耶爾：「親愛的，再多給朱爾些錢吧！把他餓壞了怎麼好。」

　　皮耶爾心裡一直對長子的叛逆心懷怨恨，他說：「多給他錢，我還不如去買幾條金魚養著玩呢！律師是多麼有前途的職業，但他非要任性去當什麼作家！」

　　皮耶爾越說越生氣：「我早就想要斷了他的生活費，讓他嘗嘗在外面沒錢的滋味，讓他早日放棄寫作回來接替事務所。」索菲不敢再爭，她只有偷偷地給兒子再寄點錢去。但這也解決不了實際問題。

　　倘若他返回南特，日子就會好過多了！他父親搞不明白，他為什麼竟落到這種地步，居然去幫人上補習課，因而極力勸說他回心轉意，在司法方面作出努力。

　　但凡爾納還是執著於自己的理想，他給父親的回信中誠懇地向他解釋：

　　　「我去上補習課沒別的目的，只是想盡量減少父親給我的津貼。我實在難以自給，你們同樣難以維持我的生活……至於律師的工作，請你想想你自己說過的話吧：不能同時追逐兩隻兔子，一心可不能二用啊！你們弄錯了我這樣做的動機：首先是文學，因為我只能在這方面取得成功，因為我的思緒始終不變地集中在這一點上！我或者做兩年法律，或者乾脆不做，倘若同時從事兩種職業，其中一種

必然扼殺另一種，而律師職業將使我沒多大長壽的希望。」

1851 年 9 月 21 日，抒情劇院的經理愛德華‧韋塞斯特重開民族歌劇院，並更名為巴黎歌劇院，他需要一名助手幫他做開張準備。大仲馬了解凡爾納的困難，因而把他推薦給了韋塞斯特。

韋賽斯特從塔勒克西沙龍朋友們的讚譽中，早就了解了凡爾納的音樂才華，於是凡爾納成了韋塞斯特的祕書。很快地，韋塞斯特也很賞識他那嚴肅認真的品格和他對藝術的興趣。

凡爾納終於有了一份職業！雖地位不高，但畢竟相對穩定，而且他每月至少可得到 100 法郎的收入！

但凡爾納對這 100 法郎的薪水並不在意，他只滿足於義務地履行自己的職務。

他的父母對此深感驚奇。而凡爾納對此解釋說：

「我親愛的爸爸，我向你保證，我所希望的只有一件事，那就是為我的繆斯效勞，而且越快越好，因為我無以償還養育我的費用；不管你對此有何想法，不管你對此做出什麼樣痛苦的抱怨，我向你保證，所有這些都不再是真實的。我急於開始我的祕書和領薪生活，我從前多麼傻，真想不到靠領取薪水……我加入了劇作家協會，該協會不允許經

闖蕩巴黎

理在自己的舞臺上演出他或他的職員編寫的劇本；
因此，我寫的一個歌劇之所以被我所在的劇院採
納，那是因為我只是以業餘愛好者的身分參加該劇
院的工作；而一旦我以業餘愛好者的身分參加該劇
院的工作，我便領不到薪水。

　　互相幫忙嘛！經理需要我，我需要他；我給他
付出我的一部分時間，他接受我的一個劇本。」

凡爾納為劇院經理祕書這個職業而欣喜不已，因為他覺
得，他從此與戲劇事業有了更直接的連繫，他能夠與劇院經
理相互幫助。

但是，凡爾納仍然沒有從經濟困頓中解脫出來，依靠那
點微薄的收入，他堅持狂熱地寫作，並創作出各式各樣的劇
本。但這些劇本絕大部分都沒有被搬上舞臺。

結識出版商舍瓦埃

1851 年，在凡爾納最艱難的時候，他結識了出版商皮耶
爾・弗朗薩・舍瓦埃。

舍瓦埃是巴黎《家庭博覽》雜誌的編輯，與凡爾納是同
鄉，也是布列塔尼人，出生於潘貝夫，比凡爾納弟兄早 15 年
畢業於南特皇家中學，也是一位鄉土觀念較深的人。所以他
們關係處得很好。

舍瓦埃請凡爾納為他的雜誌撰稿，但每次不超過 6 個版面。每年不得多於兩篇。

這一年，在舍瓦埃的《家庭博覽》雜誌發表了朱爾·凡爾納的兩篇小說。

一是 4 月分的〈墨西哥海軍的首批艦艇〉。

二是 5 月分的〈乘氣球旅行〉。雖不是凡爾納的處女作，卻是第一次發表的作品。

〈墨西哥海軍的首批艦艇〉情節十分離奇曲折，全篇中穿插了大量的地理、經濟、植物以及航海方面的知識。

而〈乘氣球旅行〉是一部幻想故事，雖然在當時的巴黎乘氣球飛行早已司空見慣。但在一個正起飛的氣球筐中發現一個瘋子的故事，那倒是亙古奇觀，沒有一個作者敢於運用這種題材，不論是大家還是文壇新秀。

第二年，凡爾納擔任抒情劇院經理祕書期間，利用創作劇本之餘，嘗試新體裁小說的創作。

當年七八月分，在舍瓦埃的幫助下，《家庭博覽》又發表了凡爾納的中篇小說《馬丁·帕茲》。

這個歷史故事構思來源於阿拉戈的朋友、祕魯畫家梅里塔的一組水彩畫。

凡爾納曾在阿拉戈家中會見過這位祕魯畫家，聽他講述南美洲印第安人的悲歡離合的故事，混血兒的不幸遭遇。於是他便動手構思《馬丁·帕茲》。

凡爾納按圖索驥，根據這位祕魯畫家一本水彩畫集描寫南美洲的自然景觀和風土人情。

而且，這部歷史小說也充分顯示了這位年僅 24 歲的年輕人日漸純熟的語言技巧和廣博的歷史、地理知識。

當時的評論家諾埃爾·馬丁說：「在景物描寫方面，朱爾·凡爾納像雨果一樣充滿了浪漫的幻想。故事中的各種場景是從他心底流淌出來的，所以讀者能夠身臨其境地感受到這些場景。這是一種畫家的觀察本領，朱爾·凡爾納的成功之處，就在於他能讓讀者看到他內心深處想表達的場景。」

凡爾納把他的小說叫做「科學小說」，並把他的創作計畫講給大仲馬聽。後者說這是「漫無邊際」的想法。

而當皮耶爾發現兒子在中、短篇小說方面取得成功時，他對兒子的才華大加讚賞，甚至鼓勵他去申請文學院獎金。

但是，凡爾納在巴黎闖蕩幾年之後，對巴黎的文藝界卻有了更透徹的認識，他拒絕了父親的慫恿：

> 說到法蘭西文學院的獎金，那實在太感謝了。要想獲得這種獎金，就得像加入法蘭西科學院的荒唐大合唱那樣施展陰謀詭計。
>
> 往往是拿出來的東西不一定是最好的；最好的東西不一定非拿出來不可。因此，與其去施展陰謀詭計，倒不如做點更有益的事情。

不過，皮耶爾由於職業習慣和古板的思維方法，凡事總要循規蹈矩問個究竟，來信問他兒子，你到底屬於古典主義還是屬於浪漫主義？

凡爾納給父親的回信說：

> 至於說到流派，我只屬於我自己的……我的選擇是不可改變的。
>
> 您的見解像極地之源，而我今天滯留在遠離北方的國度，更接近酷暑溽熱的赤道。

人生總有很多的意外，這真是無心插柳柳成蔭，本來他一直痴迷於戲劇，但卻出乎意料地在小說領域取得了成功。但他仍然沒有放棄戲劇，1852 年 8 月 21 日，他給父親寫信說：

> 我那部《李奧納多‧達文西》占去我許多時間，這是按繆塞的風格創作的喜劇，我認為，我和米歇爾‧卡雷一定會把它寫完。

而在此期間，舍瓦埃給了凡爾納很大的自由空間，允許他按自己的意願創作自己喜歡的小說。

1854 年 4 月，應舍瓦埃之約，凡爾納在《家庭博覽》上發表了他另一部較長的中篇小說《札夏里尤斯師傅》。

《札夏里尤斯師傅》的故事講的是鐘錶匠札夏里尤斯心靈手巧，野心巨大。

他發明一種控制系統,能夠揭開「靈魂與肉體結合的全部祕密」,並且這個系統征服和調整了時間,倒時 100 年,他將得以永生,長生不老。

這部怪誕小說,是凡爾納整個文學創作過程中跨上了一個新的里程碑。

因為它基本可以劃歸科學幻想類作品,並且探索科學與哲學關係,恰如他在給他父親信中說的那樣:

> 必須看到,整篇東西均發端於某種哲學概念,而這種概念融合於故事情節的發展和結局中,這是作家的責任。
>
> 在生活中,沒有一種事實,沒有一起事件不產生某種道德見解。

其實,抒情劇院並不是理想的避風港,相反,經理祕書的日常工作繁雜又緊張,成了凡爾納不堪勝任的沉重負擔。

每天疲於應付,例如,有些劇作家非要把他的劇本在本院進行彩排,死磨硬賴,對此要表示同情又愛莫能助;對於腳本已獲彩排權,但堅持不准修改的作者,則要據理力爭,嚴詞駁回,甚至不惜以停排予以警告;還有的演員不滿意自己的角色,有的則自己鎖定角色,對此要好言相勸,盡量安撫;此外還得修改其他作者的劇本。

事無巨細,由他一人承擔。種種瑣事,不只占去了整個

日間，而且弄得他精疲力竭。此後，為了集中更多的時間，以便用更充沛的精力來從事小說創作，凡爾納辭去了劇院祕書的職務。

由於寫小說比寫劇本實惠些，總算有點收入。有錢以後，凡爾納首先想到改變居住的環境，於是在奴維爾大街 18 號一座舊樓五層租了一套房間。

仍在塞納河左岸，距姑媽家的表兄安利·哈塞的皇家學校不遠，離那個吉姆納斯劇院只隔一條街，與抒情劇院相距兩條街，距雨果的舊宅只有幾步之遙。

阿拉戈的住所就在不遠的呂馬札朗大街，巴黎證券交易所也在這附近。

不久，凡爾納又寫出一部新的小說《在冰川過冬》。小說充分再現了兩午前，他在敦克爾克逗留期間一些難忘的場景。

敦克爾克是法國北部的一個大海港。那裡常常是烏雲密布，濁浪滔天，遊客來到那裡無不感到大為掃興。

但北海的鉛灰色天空，蒼涼的大海，也許與凡爾納當時孤獨的心境相吻合，心中不由浮起一種淒愴的感情。這種單調的北方冰冷的大海，似乎使他更為動情。

凡爾納《在冰川過冬》這篇小說中，描寫一對戀人約定出海之後就結婚。

青年船長路易率船出海，由於救助另一艘船，他落水失蹤。他的未婚妻，美麗的瑪麗勇敢地出海尋找未婚夫。受阻後被迫在冰川上過冬，經過種種周折，終於找到了她的未婚夫路易。

最後有情人終成眷屬，而那個垂涎瑪麗並企圖造反的大副，最後落水身亡。整部小說中，展現了凡爾納對北冰洋和神祕冰川的想像。

凡爾納在這段時間獲得了成功，也看到了希望，這必須感謝他的老鄉 —— 出版商舍瓦埃。

凡爾納對舍瓦埃說：「你是我最好的朋友和合作夥伴，這些作品的出版都是你的功勞，非常感謝！」

而舍瓦埃卻說：「不！是因為你的作品太優秀了，看到它們一直躲在你抽屜裡，我覺得太殘忍了。」

結婚成家

直至生命的最後一息，我始終站在受壓迫人民的一
邊；每一個受壓迫者，過去、現在和將來都是我的
親兄弟！

—— 凡爾納

渴望結婚成家

朱爾‧凡爾納是一位感情豐富、情竇早開的青年。

在《家庭博覽》的編輯舍瓦埃將凡爾納推向文學的成功之路時，這本來應該是他最幸福快樂的時候。

但是凡爾納心中卻充滿了憂傷。因為，原來的「十一條光棍」俱樂部裡的朋友們在這 4 年中都先後成家了，只有他還是孤身一人。

凡爾納對表姐卡羅利娜的初戀一往情深，在他的內心深處留下後半生也無法撫慰的痛苦傷痕。

一想到結婚，與卡羅利娜結合這樣一種夢境便出現在他的腦際。他仍然為自己被迫放棄這種愛情而感到懊惱。

1853 年 11 月 5 日凡爾納給母親的一封信中，他把自己的健康狀況和文學活動告訴她以後，這樣寫道：

> 「我很想知道她的近況和她心中的愛慕者。這個不幸的人兒，她竟然沒看出，她拒絕的是一位多麼出色的對象，而她要嫁給的卻是像讓‧科米埃或別的任何一位那樣的窩囊貨。這畢竟是命中注定！」

可見在卡羅利娜結婚後 5 年，凡爾納仍然愛慕著她！自從卡羅利娜的態度使他變得心灰意冷之後，他對女性的三心二意一直存有疑心。為滿足孩子的興致，他父母打算舉行一次舞會。

在談到這次舞會的一封挺有意思的信的末尾，凡爾納情不自禁地寫了幾行有點看破紅塵味兒的詩句，其中最末兩行無疑是對他的不幸遭遇所表露的心聲：

在整個舞會中，我想念的只有她。
除我以外其他許多人也是這樣！

凡爾納為婚姻的事感到煩惱，他去信給媽媽說：

「親愛的媽媽，您應該幫我完成婚姻大事了。你給我找到什麼女人，我就娶什麼女人；我閉上眼睛、打開錢包娶她就是了。」

凡爾納打算返回南特一趟。為了不致使他的經理感到不快，1853 年 12 月 17 日，他要求父親給他發一封急信，要他趕回南特處理急事。1854 年 2 月，這項計畫實現了。

在南特，他遇到一位女孩埃盧賽‧大衛，他很想知道，她和她父親到戲院來索取免費戲票的時候，是不是還有其他的用意：「她是不是想來看看他未來的丈夫？」

因為凡爾納在 1850 年一封致母親的信中，列舉了他意屬的佳人，尚有勞倫斯‧妮娜特、路易絲、埃盧塞、帕平、泰里埃、迪維格等人的芳名。這位女孩大衛也在其中。

凡爾納自作多情地想：「按照常理，她一定會喜歡我的，我雖然外表算不上英俊，但我很有才華啊！」

但是，愛情又一次從凡爾納身邊溜走了。1854 年，埃盧賽‧大衛在南特嫁給了一個商人。

要想消除對一位女人的愛戀，聽說唯一的辦法就是愛上另一位。

父母覺得，凡爾納在婚戀上屢遭挫折，心灰意冷，二位老人暗自焦慮，準備舉行一次舞會，以振奮他的情緒。

1954 年元旦，在南特一次化裝舞會上，凡爾納編了一個節目，他與朋友們一起參加了這次演出。

當時，凡爾納穿著一件已故外祖父的古怪服裝，尤為引人注目。在華爾茲舞和四人舞的場次中間，他極力去尋找一位可人的女孩。

當時，一個名叫洛朗斯‧讓瑪爾的女孩打扮成茨岡女郎，在他眼裡顯得特別優雅。

她那雙烏黑的非常漂亮的眼睛彌補了她那些心地善良的女友認為她有點過分的清秀。他決定向她求愛。

當他聽見洛朗斯對她的一位女好友妮娜特‧謝吉約姆悄聲說，她的緊身胸衣的一條鯨鬚擦傷她的肋部時，他竟冒冒失失地開了一個玩笑。在巴黎，這種玩笑也許被當做對女人的一種無害的恭維。

「哦！」他欠著身子說，「可我卻無法在這些海岸捕到鯨魚！」

　　原來，法語中「肋部」一詞，也可以當做「海岸」講。當然，洛朗斯聽到後隨即發出一陣哈哈大笑；但這句話在人群當中傳來傳去，最後竟傳到了讓瑪爾父親的耳朵裡。他對此感到非常氣憤。

　　當皮耶爾按他兒子的要求去找這位南特的資產者向他女兒求婚時，他遭到了拒絕。

　　這位資產者認為，一個在巴黎歌劇院當祕書的求婚者，其地位是不穩固的，況且，一個對他女兒的胸衣出口不遜的愛開玩笑的人，不可能成為合適的女婿。

　　1854 年 8 月，洛朗斯最終嫁給了杜韋洛。這時凡爾納只有暗自神傷。

　　凡爾納返回巴黎後，心懷惱恨地重新埋頭工作。當然，他的這種惱恨不是針對洛朗斯，而是針對頑固地不嚴肅看待他的這個南特階層的。

　　他的神經變得越來越緊張，甚至引起了憂鬱症、失眠症，他變得脾氣暴躁，耳鳴、胃痛，而且常常發燒。後來，左眼和嘴都受到了面部麻痺的影響。

　　何況這個人人自危、世態炎涼、人性冷漠的社會更使凡爾納心灰意冷。

　　心中煩悶無處傾訴，病痛無人理睬，渴了無人遞杯水，餓了啃口麵包。

凡爾納多年來期盼有個伴侶，此時更加急切。他說：「兩個人在一起，貧困無疑更易於忍受。」

挫折使弱者從此一蹶不振，但挫折將使強者更加堅強。凡爾納雖然在精神上苦悶、孤獨、寂寞；然而，正是在這種孤寂中，凡爾納筆耕不輟，送走了一個個黑夜，迎來了一個個黎明。

他終於振作起來，他到了莫爾塔尼旅行，在給母親的信中說：

> 我的健康完全恢復了。親愛的母親，這是我成親的真正時刻，因此，我答應動身做這次旅行。
>
> 請你準備一切必要的用品，好把我打扮成一個很有男子氣魄的小夥子，餵得飽飽的，燒得恰到火候。一句話，把正待成親的兒子整置成一件商品，把我交到一位很有教養、非常富有的女孩手裡。
>
> 如有這種必要，我將到莫爾塔尼過日子，對旺代的這座城鎮，我平生從未產生過那麼多夢想，我彷彿覺得它充滿各種瑰麗的色彩。我望見我的田產在天底下無邊無際地伸展著。
>
> 我的岳父是個上了年紀的老人，對世間的事情懷有相當愚蠢的觀點，但他畢竟是個正直人，腹部恰如其分增長了一層厚厚的脂肪，在上面拍打幾下，他是不會有什麼感覺的。

我的岳母製罐頭、烹母雞、做果醬，整天忙著一個農村家庭的各種事務，從而使她養成意識狹窄的性格。

至於他們的女兒，她不好也不壞，不愚蠢也不精明，不逗人喜愛也不討人厭惡，她定期地每 9 個月給我生一個子女。

這難道不就是對未來的美好憧憬嗎？

步入婚姻殿堂

1856 年 5 月 8 日，凡爾納乘坐火車到亞眠。在那裡，他的朋友勒拉爾熱即將跟埃梅・德・維亞納小姐結婚，約他去做伴郎。

凡爾納原來只打算在那裡住上兩天，就趕回巴黎。但是都過去一週時間了，他還沒有返回的打算。原來，他再一次陷入了情網之中。

德・維亞納的一家非常淳樸，而且熱情好客。他很快便與他們一起分享這種從根本上說合乎他幽默性格的愉快情緒。

而且他妙語連珠，受到大家的歡迎。德・維亞納一家把事情全都辦得妥妥帖帖，宴會上具有感染力的熱烈氣氛更增添了親切感。

　　凡爾納像一個長年遊蕩在荒原上飄零的人，突然闖入一個溫馨、暖和、親切的人家，被熱情的主人的豐盛晚餐陶醉了，再也不想走進那茫茫的荒野中，感受孤獨和風吹雨淋之苦。

　　正是在這場婚宴中，已被遺忘的那個曾讓凡爾納魂牽夢縈的身影出現了！

　　漂亮，不，是非常漂亮，標緻，笑口盈盈。她是一個年輕漂亮的寡婦，是維亞納的姐姐，名叫奧諾麗娜，當時叫莫雷爾太太，丈夫去年剛剛去世。

　　凡爾納甚至懷疑：卡羅利娜莫非改了名字？她現在的名字叫奧諾麗娜！寡婦，糟糕！她有兩個孩子，我真沒運氣！

　　但她是一個十分討人喜歡的女人，渾身散發著魅力。父親是一個老年退休軍人。

　　奧諾麗娜與卡羅利娜一樣嫵媚動人，但卻沒有表姐那樣輕佻，她身材窈窕，儀態端莊，穿戴樸素。

　　奧諾麗娜深深地吸引著凡爾納，如同卡羅利娜吸引過他那樣，而且是出於他自己並不承認的相同的理由。

　　兩位女人的性格互相吻合，這怎能不引起注意呢？卡羅利娜長相漂亮，奧諾麗娜長相一樣漂亮；卡羅利娜笑聲爽朗，奧諾麗娜同樣笑聲爽朗。

　　幾天後，奧諾麗娜也對這位靦腆的年輕人產生了好感，他們於是確定了戀愛關係。

凡爾納在給母親的信中說道：

> 奧古斯特加入進來的德維亞納一家是個討人
> 喜歡的家庭。這個家有一位非常和藹可親的年輕寡
> 婦，她是看來非常幸福的新娘子的姐姐；還有一位
> 與我同齡的年輕人，他是亞眠的證券經紀人，賺錢
> 很多，是生活在人世間的最為可愛的小夥子。

> 父親是個退伍老軍人，比起那些退出行伍的軍
> 人一般所遭遇的景況要好得多；母親是個很有頭腦的
> 女人。

索菲大概會覺得納悶：她不習慣聽見別人向她逐個讚揚
一家子！兒子的信中其實已經透露出某種訊息。

之後，凡爾納必須認真考慮該怎麼養活他即將組成的家庭
了。憑他寫小說，連他自己一個人也養活不成，那將如何供養
一個家庭？於是，在返回巴黎的途中，他給父親寫了一封信：

> 我已經從亞眠回來了……奧古斯特的婚事和
> 他加入的這個新家庭引起了我的強烈興趣。在德維
> 亞納的這個家裡，有一位年齡跟我相仿的哥哥，他
> 是人世間最可愛的小夥子，他跟他的一位朋友合股
> 做證券持票人與巴黎的證券經紀人之間的掮客。此
> 外，他和他的合股人在巴黎的一間證券經紀人代辦
> 所存放了 10 萬法郎……這對於一個年輕人來說，無
> 疑是一種優越的地位。

　　況且，這種地位不會出現任何風險。他在亞眠
所做的事，在巴黎一個稍微沒那麼大的範圍內更加
容易做到……德維亞納先生在這個金融和經紀界中
頗有名望；他很容易使他的一位朋友加入巴黎的一
個大代辦所，甚至只需付出一筆很少的款項。

　　因此，我親愛的父親，我想知道一下，必要
時，你是否願意讓我加入跟訴訟代理或公證事務所
一樣正式的經紀代辦所？我需要改變我的處境，
目前這種不穩定的狀況不能持續下去，當前物價上
漲，我每月的生活費用還缺了一半，要是我一年掙
不到錢，我便相當狼狽。

皮耶爾又驚訝又傷心，他的長子曾經為從事文學而放棄
法律，現在卻又要從商，而且，還是要到證券交易所去進行
冒險的投資買賣。金融界比文學界更為可怕，尤其對他這樣
一個沒有多少生意經、缺乏做生意稟賦的人更是如此！

在皮耶爾經過凡爾納竭盡全力為自己的生活道路進行辯
解之後，皮耶爾作為南特律師公會會長、最有威望的律師，
向來以謹慎、嚴正著稱，但在兒子的婚姻和進證券交易所之
事，只好讓步，同意給兒子提供了一筆錢。為此，凡爾納對
父親解釋說：

　　我這樣根本沒洩氣不工作之意。遠非如此，更
談不上要放棄文學，這是我與之合而為一的一種藝
術，我絕不會放棄它。

我下了決心，再不去搞滑稽歌舞劇或別的什麼小劇，我的雄心壯志是要搞一齣重要的、因而需要多年雕琢的喜劇。但我需要一種地位，一種即使對不承認文學界文士的人也能接受的地位。

而且，他尤其在最後說明了這樣做的最主要的原因：

這是我結婚的第一次機會，我無論如何也得抓住它。我再也不能忍受光棍生活，這種生活對我是個負擔。我和我的朋友們都是這樣想的，你也許會覺得古怪，但我需要幸福，恰如其分的幸福。

我厭倦了孤獨的生活，這一切只不過說明，主要是我已經到了需要溫柔伴侶和牢固結合的婚姻的年齡了。目前，我內心極端空虛。

皮耶爾和索菲如果被這些理由完全說服，一定會同意他們的兒子娶那位年輕寡婦的。索菲極力為兒子辯護，因為很久以來，她便千方百計地要讓他成親。其他人也站在凡爾納一邊。皮耶爾被圍困了，他只能順從兒子了。

凡爾納收到父親寄來的錢以後，開始跟一個名叫吉普恩的證券經濟人當學徒，以便學習經營入股。

隨後不久，他就開始與奧諾麗娜商量結婚。

他們盡量把婚禮辦得簡單。凡爾納對奧諾麗娜抱歉地說：「親愛的，現在我們手頭不太寬裕，讓你受委屈了。但是，等我跟吉普恩的學徒期一滿，我就會謀得一個很好的位

置，我們會過上好日子的。」

奧諾麗娜微笑著說：「朱爾，我只渴望純真的愛情，而且結婚儀式從簡也是我的意思。我不喜歡費心去招待太多的客人。」

凡爾納感激地吻了一下奧諾麗娜：「親愛的，妳才是我真正找尋的幸福。」

凡爾納只給奧諾麗娜買了一條漂亮的絲帶，他說：「這條絲帶可以連結兩個人的心。」

但凡爾納的父母覺得這樣做有悖於他們的資產階級身分，於是很不高興。

婚禮日期定在 1857 年 1 月 10 日，公證儀式在第三區區政府舉行，宗教儀式在聖歐仁教堂舉行。婚禮十分簡單，人數有限，只有朱爾的雙親和妹妹一家，外人只有哈塞和英亞。

事後，凡爾納在一間二等餐館舉行「貝朗瑞式」的婚宴，他歉疚地對朋友們解釋說：「這樣，我們就不會為招待客人操心了，每當想到要邀請朋友參加婚禮，就會讓我心裡害怕！願上帝原諒我，我只是不想聲張。事情就這樣完成最好。」

凡爾納邀請的幾位朋友很快地便給這次婚宴帶來興高采烈的氣氛。新郎的熱情和新娘清脆的笑聲又使婚宴增添了活躍的色彩。

皮耶爾恢復了信心，在大家提議乾杯的時候，他高興地朗誦了他預先準備的一首詩，從而將這件喜慶事兒連繫在家庭婚禮的鏈條上。這首短詩是這樣結束的：

> 來吧！我的第四個女兒，
> 儘管我家人口眾多，
> 但終究有您的位置。
> 哦！這個位置相當狹窄，
> 可您不要將它厭棄，
> 互相挨擠，更顯得親密。

宴會在和諧的氣氛中結束了。

這一刻，凡爾納覺得自己是這個世界上最幸福的人。

享受婚後愜意生活

凡爾納與奧諾麗娜結婚後，奧諾麗娜的兩個小女兒怎麼辦呢？毫無準備地把這兩個習慣於亞眠的恬靜生活的孩子帶到巴黎的鬧市中來，顯然是不合適的。德維亞納和莫雷爾兩位老太太很可能喜歡她兩個，而奧諾麗娜也覺得不該干擾她的蜜月。於是，奧諾麗娜將兩個女兒寄放在娘家，新婚夫婦在巴黎度蜜月。

這對年輕夫婦先是在普瓦松尼爾林蔭大道 18 號凡爾納房裡安頓下來，過了幾天，又搬到聖馬丁街。這個蜜月實在有些例外。但奧諾麗娜卻不在乎。

　　一週之後，凡爾納把宮廷攝影師拍出來的結婚照寄回了南特。

　　一天晚上，凡爾納微笑著對妻子說：「親愛的，明天我想帶妳去一個好地方。」

　　奧諾麗娜睜大了眼睛：「什麼地方？那裡很美嗎？」

　　「那是自然。」

　　「那你快告訴我是哪裡？我有些等不及了。」

　　凡爾納故弄玄虛對眨了眨眼睛：「不行！必須等明天。現在，希望我的奧諾麗娜能做個好夢。晚安。」

　　一大早，奧諾麗娜就把凡爾納叫醒，她真是等不及了。

　　兩人吃過早飯，就立刻動身了。

　　凡爾納帶奧諾麗娜來到一座雄偉的建築前。

　　奧諾麗娜不解地問：「這是哪裡？」

　　「這就是巴黎赫赫有名的羅浮宮，它曾經是法國國王居住的地方，現在是一座博物館。」

　　「我們的蜜月也包括來參觀這裡嗎？」

　　「當然，必不可少。」

　　奧諾麗娜有些失望：「雖然看上去很宏偉，但看不出有多漂亮啊！」

　　凡爾納趕緊說：「親愛的別不高興，等進去就知道了。」

　　他們走進羅浮宮內。

　　裡面真是大極了，他們走到二樓雕像展覽室右側，凡爾

納停住了腳步，他指著一個斷了手臂的雕像問妻子：「這個雕像漂亮嗎？」

奧諾麗娜眼睛一下亮了，她差點喊起來：「上帝，她真是美極了，她叫什麼名字？」

凡爾納莊重地說：「她叫維納斯。1820 年被發現於米洛島。親愛的，我帶你到這裡來，只是想告訴妳，在這個世界上，她是唯一讓你嫉妒的女人。」

奧諾麗娜被這句話感動得眼裡霎時盈滿了熱淚。

蜜月之後，凡爾納恢復了他的老習慣，不僅仍住在五層樓上，連家具擺設仍保持原貌，充滿書卷氣氛。雖然之後，他們曾搬了很多地方，但是無論在哪裡，他們住的地方總是感到擁擠，因為到處都塞滿了書籍和手稿。

凡爾納依靠父親的資助，並憑藉岳父的關係，以證券經濟人埃格利的股東身分進入了巴黎交易所，開始了「金融家」的事業。但其實他的心思很難投入進去。

凡爾納黎明初起便開始工作，一年四季，無冬無夏，清晨 5 時準時起床。此時，凡爾納是作家，進入他那個終生寫不完的「科學小說」世界，任意馳騁、漫遊、幻想。任何人不得干擾，任何事他都不管，真是「油瓶倒了也不扶」。

早 9 時，奧諾麗娜準備好早點，合家共進早餐。飯後到了 10 時，凡爾納搖身一變，進入了「金融家」的角色。如此週而復始。

如果說，當初凡爾納進證券交易所，是為了獲得一種安身立命的地位，或者說是一種謀生手段，那麼當他身臨其境在證券交易所工作之後，他才發現，證券所就像一個俱樂部。

金融家和文學家之間其實關係十分密切。經紀人和小說家之間也可以結盟，戲劇家和掮客可以一身兼二用。他在交易所常常遇到許多文學界和戲劇界的朋友。

不過，凡爾納在證券交易所的業務相當有限，因而收入低微，如果不是奧諾麗娜的哥哥鼎力相助和大力提攜，恐怕凡爾納一家的生計也難以維持。

凡爾納進了證券交易所的第二個發現：金融是政治生活和經濟活動的溫度計和晴雨表。

身在交易所，作為經紀人，不管你的意願如何，必須了解法國、全歐洲和整個世界的重大政治事件並預測其發展，把握全國和全世界的經濟活動和它的走向，要求你放眼全球，君臨整個世界，這與他和英亞在 120 個臺階的塞納河左岸高地上俯瞰巴黎的情景相比，別有洞天。

在證券交易所裡，凡爾納學到了不少他過去無法也無處學到的東西，及時了解法國乃至全世界政治、經濟動態和大事件，使他的視野從他的斗室、劇院和塞納河左岸，一下子飛躍到全國和整個世界。

凡爾納幾乎是定居在塞納河的右岸，他非常懷念當年住

在左岸和抒情劇院的日子。生活本身趣事多，在緊張忙碌中總會有忙裡偷閒的機會，那些「十一條光棍」俱樂部的成員已經早都結婚了，但他們仍然保持著每週聚餐一次的習慣。

而這時，獨自被冷落在家裡的奧諾麗娜就會很生氣。後來，凡爾納想出一個辦法，讓俱樂部成員帶著家屬一起進行野餐，這樣才使奧諾麗娜不再心生怨氣。

在這期間，奧諾麗娜施展了她那家庭主婦的本領：她是一位精巧的廚師，善於激發她的賓客們的強烈食欲。不過，凡爾納可不是一位美食家！他無法評價烹調手藝，而且以一種引起她憤慨的冷漠態度，別人給他碟子裡裝什麼，他就吃什麼！

生活過得還算順當，但是，凡爾納感到，不能總是這樣平淡地生活下去了，必須堅持自己的文學理想，勇往直前。

終於實現航行夢想

1859 年 7 月，在交易所一次慶賀股票升值的宴會上，阿里斯吉德·英亞提議凡爾納做一次海上旅行，並給了凡爾納兩張輪船優待票，說他哥哥阿爾弗萊德是聖納塞爾航運公司代理商，給他們一次去蘇格蘭旅行的機會。

凡爾納立刻抓住了這個機會，在 7 月 15 日致家信中說：「一週後我回南特。我對此次旅行興頭十足。我獨自去，奧諾麗娜去亞眠。」

　　大約 7 月底，他們從聖納塞爾起程，駛向英格蘭。這是凡爾納 20 多年來第一次真正的海上旅行。

　　在聖納塞爾港，凡爾納不由得回想起 12 歲那一次不成功的印度旅行，正是在聖納塞爾被他父親捉回，還能體驗到那種懊惱的感覺麼？一種自嘲的微笑悄然爬上他的嘴角。凡爾納的心也像長出了翅膀飛了起來。他終於實現了多年的夢想。

　　他們從波爾多航行到達利物浦，下榻阿德爾菲旅館。夏天的比斯開灣，比起深秋季節站在蒼涼的北海邊，敦克爾克的鉛灰色海水和灰濛蒙的天空，又是一番景象，波濤洶湧，白浪濤天，海鷗三三兩兩逐船飛，太陽光芒在浪花間熠熠泛金。

　　英國人的自由奔放、無拘無束的個性，都給凡爾納留下了深刻的印象，但港口周圍的貧民生活，也讓他驚異不已。

　　藍天共碧海一色，晚霞與海鷗齊飛的自然景觀，固然讓凡爾納心曠神怡，不過此時他的興趣是手持筆記本，向水手、輪機長、大副請教航海、海上事故和海難的情況，了解他們的種種海上奇遇。

　　然後，他們乘上了北去的火車，到蘇格蘭旅行，凡爾納對這次旅程興奮不已，他對朋友說：「英國的田野和農莊，顯現出一種特別強烈的鮮綠色，當你面對這些田野和農莊的時候，心靈都似乎會被它們染綠了。」

　　蘇格蘭是朱爾‧凡爾納的祖先生活過的故鄉，他可以在這裡尋根，蘇格蘭到處瀰漫著歷史氣息。

　　而且它又是蘇格蘭詩人、歷史小說家司各特的故里，司各特的小說曾使少年凡爾納入迷，也可以在這裡探古尋幽。

　　當他們到達蘇格蘭首府愛丁堡時，正趕上一場傾盆大雨。最困擾他們的還是語言不通，因為他們根本不懂英語，連吃一頓早餐都要費盡口舌，他們不得不請一位天主教牧師做嚮導。

　　之後，他們趕往貝洛港的海濱浴場。好多人都舉家整個白天在海灘上消磨時光。令他們吃驚的是，男人們竟然就在離婦女和年輕女孩幾十米的地方游泳。

　　他們努力說服浴場的老闆為他們提供游泳褲，但他們發現人們都像看怪物一樣盯著他們，只好放棄了穿游泳褲。同時，面前正好走過一個英國男人，他全身一絲不掛。

　　於是，兩個朋友不再猶豫，和當地人一樣光著身子衝入大海。出水時，當他們硬著頭皮倒退著向更衣亭走時，聽到了遠處女孩們的開懷大笑聲。

　　凡爾納此行對工業城市的哥拉斯堡工業區、特別是煤礦特別關注。8 月 31 日那天，他們還看見了北極光。

　　他們遊覽了蘇格蘭西面的赫布里底群島，在慕爾島上的芬格爾大岩洞中，凡爾納簡直看呆了，他久久不忍離去。

這個神祕莫測的溶洞，對於凡爾納的幻想的發展，有著重要影響。在他的後來的作品《地心歷險記》、《神祕島》、《黑印度》中，屢屢出現海底洞穴的描寫。

輪船過利物浦，在倫敦停泊數日，凡爾納在泰晤士造船廠和正在建造的「大東方號」船體邊，流連忘返。

這次旅行的確非常豐富，凡爾納帶回了大量的完整的筆記。並依此創作了《英格蘭和蘇格蘭游記》。

兩年後，那個輪船公司代理又給他兩個提供一次免費出海旅行的機會，前往挪威、瑞典，為期 10 周，回航過丹麥。斯堪的納維亞是凡爾納嚮往已久的去處。儘管奧諾麗娜分娩在即，他還是起程北航去了。

1861 年 6 月 15 日，船從聖納塞爾起航，通過英吉利海峽，進入北海。

北海洶湧澎湃，奔騰咆哮。挪威沿岸被大海千年沖刷深深切入內陸的海灣高聳峭拔，犬牙交錯。岩崖光滑的小島星羅棋布，孤懸海外。

但是，這次旅行沒有堅持到底。船到哥本哈根，凡爾納就匆匆返回巴黎。8 月 3 日，凡爾納回到了巴黎。他回來得正是時候，就在這一天，他的兒子出生了。

這位遠行歸來的父親，為凡爾納家族的繼承人取了一個很有意義的名字：米歇爾。

創作《氣球上的五個星期》

兒子的出生，著實讓凡爾納與整個家族興奮了一段時間，但這期間，他又陷入了無盡的煩惱之中。

首先，他必須考慮經濟問題，他明顯感覺到負擔加重了。作為一家一主，他不得不擔負起養活妻子和兒子的責任。但他卻還想擺脫家庭事務的束縛，擠出時間來進行創作。

同時，米歇爾是個桀驁不馴的小傢伙，脾氣暴躁，動輒大哭大叫，弄得凡爾納六神無主，火氣衝天，無法從事寫作。

奧諾麗娜是一位溫柔賢惠的妻子，她盡最大努力照顧好兒子和丈夫。但卻越來越感覺力不從心。

米歇爾一週歲的時候，奧諾麗娜為了慶祝一下，做了一頓非常豐盛的家宴，想讓全家好好品嚐一下。

因為此前凡爾納從未讚揚過奧諾麗娜的廚藝，這次，她要好好表現一下。

她對凡爾納說：「這個牛排是特別按你的口味做的，你嘗嘗好不好吃？」

而凡爾納卻連頭都沒抬一下，只是不置可否地「嗯」了一聲。奧諾麗娜的自尊心受到了極大的傷害。

第二天，為了報復凡爾納，奧諾麗娜故意在湯裡放了好多鹽，而且還加了胡椒粉。

奧諾麗娜把湯端到凡爾納面前說：「嘗嘗好喝嗎？」

但凡爾納喝完湯之後，又只是「嗯」了一聲，然後吃了一小片麵包就算了。

奧諾麗娜傷心地對凡爾納說：「難道你說句話都這麼難嗎？你是金口玉言啊！」

凡爾納只是冷冷地盯了妻子一眼，就默默地離席而去。

奧諾麗娜心中充滿了委屈，週末的晚上，她寫信給亞眠的姑媽說：

> 我跟他的生活讓我越來越難以忍受。除了那根本不算什麼的一句話，我想不出還有什麼值得他生氣。
>
> 我對他說晚飯已經好了，但他偏要出去，到小餐館去吃晚飯。
>
> 我告訴他米歇爾得了支氣管炎，他卻一下把筆摔到地板上，嫌我把他的思路打斷了，還抱怨這種環境讓他什麼東西也寫不出來了。
>
> 他晚上不容易睡著，獨自說一些莫名其妙的話。我現在懷疑，我是不是嫁給了一個神經病？

而姑媽的回信卻更讓奧諾麗娜心煩意亂了：

> 看來，凡爾納的家族存在一種嚴重的疾病。孩子，你還是回亞眠來吧！最好讓凡爾納去看醫生。

凡爾納越是熱情地致力於一部需要無比專心和大量研究才能完成的作品，他越發感到吵鬧聲難以忍受。

凡爾納要寫的是《氣球上的五個星期》，因而奧諾麗娜

常常抱怨他「整天躲在他的氣球裡」。

她說：「親愛的，你這樣做不合情理。你作為丈夫和父親，應該為這個家付出一點責任吧！而且你還荒廢了交易所的生意，整天就埋頭寫呀寫呀，我真為你可惜！」

凡爾納這次只說了一句：「是妳和米歇爾分散了我的精力！」

奧諾麗娜生氣地說：「我正想對你說，我想回亞眠住一段時間。這兩天就動身。」

凡爾納冷冷地盯著妻子說道：「那好啊！妳想去哪就去哪，隨妳的便吧！」

但第二天凡爾納的態度就變了，他溫柔地懇求道：「親愛的，請妳原諒，都是我的錯，讓妳傷心了，但我求妳，還是別走了。我沒有別的意思，只是不會處理家庭中的事務。」

雖然奧諾麗娜最終沒有回娘家，但他們分居了。

凡爾納之所以會變化如此之大，由於他對文學上傾注了全部的感情，他真正的快樂只會來自於文學上的成功。

但直到當時凡爾納仍然沒有感受到，因此，他心中的一股無名火就轉移到了妻子和孩子身上。

最後，凡爾納只好躲進了他幾年前加入的「新聞俱樂部」。這傢俱樂部是作家集會場所，並提供膳食。

凡爾納在這裡結識了不少朋友，其中就有費利克斯·杜

南遜,即納德。

還有一位是凡爾納的老鄉,布列塔尼人阿爾弗萊德‧戴布雷,是印度通,一說起印度,就眉飛色舞。

一天,凡爾納對奧諾麗娜說,他終於完成了他的《氣球上的五個星期》。奧諾麗娜長長地鬆了一口氣,情不自禁地嚷道:「他終於放掉了他的氣球!」

奧諾麗娜是否以同樣的熱情分享這位作家正在產生的希望。

「這個氣球的故事」剛結束,奧諾麗娜便以為自己擺脫了這些礙手礙腳的廢紙。

她甚至這樣想,她很快就要重新得到她的丈夫了。

當她再次看到攤在桌面上的手稿和埋頭修改原稿的凡爾納時,她大概感到非常失望。

《氣球上的五個星期》一舉成功,成功的原因在於,首先它宣告了一種新的文學體裁的誕生。一種把科學現實和科學幻想有機結合在一起的新的文學流派即科學浪漫主義已經面世。

其次,作者緊緊抓住 1860 年代法國的兩個熱門話題,並把二者熔於一爐。

再次,作者在書中塑造了一位無私地為科學獻身的新典型形象。

「科學浪漫主義派」或「現實主義幻想派」是凡爾納的

獨創。

　　雖然在他以前的作家的作品中業已存在，但他以《氣球上的五個星期》為起點的一系列小說，在浪漫主義和現代科學、氣球和飛機乃至宇航時代之間駕設一座金橋。從而促進了 20 世紀其中一個主要文學體裁科學幻想小說地位的奠定和發展。

結婚成家

十年輝煌

我需要工作，工作就是我的生命的全部意義。當我
不能工作的時候，就形同行屍走肉，也就失去了生
存的價值。

　　　　　　　　　　　　　　　　　—— 凡爾納

與赫澤爾結下一世情

1862 年夏，凡爾納帶著他的《氣球上的五個星期》手稿去《兩個世界評論》雜誌編輯部，找到該雜誌老闆弗朗索瓦·比洛茨。比洛茨對這個故事很感興趣，準備把稿子接下來，發表在他的雜誌上。

凡爾納想首先確定一件事情：「先生，你準備付給我多少稿費？」

比洛茨表示不付稿酬，並說：「你是無名小輩，接受你的稿子出於照顧。你的稿子能在本刊發表，已是一種榮耀，還要稿酬？」

凡爾納馬上說：「對不起，先生，我的經濟條件不允許我接受您的這份榮耀！」

到了這年秋天，凡爾納把手稿拿給大仲馬看。大仲馬讀後留下了很深很好的印象，他鼓勵凡爾納堅持按自己的道路走下去。開創一條探險、科學小說相結合的新體裁。

大仲馬還熱心地推薦凡爾納去結識小說家布雷哈特。後來，布雷哈特又把凡爾納介紹給了出版商皮耶爾·朱爾·赫澤爾，一個與朱爾·凡爾納同名的傳奇式人物。

朱爾·赫澤爾生於 1814 年 6 月 15 日。他父親是家系悠久的阿爾薩斯人，曾在執矛騎兵一團當鞍具製造匠；在夏爾特爾駐營時，他娶了一位當地女人。他的兒子也是在此地出

生的，因此集合了阿爾薩斯人的熱情和博斯人的沉著。

赫澤爾自幼天資聰穎，11 歲便寄居巴黎，在斯塔尼斯拉斯中學就讀，並成為該校的一名優秀生。為了不增加父母的負擔，他 21 歲便輟學到巴黎塞納街的保蘭書店當職員。

他是書商同時又是出版商，而尤其是一位筆戰者。他跟蒂埃爾和米涅一起創辦了反對查理十世政權的報紙《國民報》；1843 年，他又創辦了《畫報》雜誌。

保蘭書店為年輕的赫澤爾提供了一個廣闊的活動場所，使他能夠充分發揮他的資質。保蘭很快就發現，年輕的赫澤爾可以成為可貴的合作者。過了兩年，他便把他變成自己的一位合股人。因賞識他的文學才華，把他介紹給《國民報》。該報連續發表了他的許多文章。與此同時，赫澤爾加入了共和黨，成為該黨一名特別活躍的分子。

1843 年，赫澤爾在獲得一家宗教書店的一份資產的同時，又在塞納街 33 號成功地創辦了一家獨特的出版社。他與巴爾札克、繆塞、喬治·桑、雅南等人保持聯繫，並經常到阿爾塞納爾圖書館，因此他本人也成了一位作家，筆名叫斯塔爾。

1848 年 2 月，大革命時期，臨時共和國政府人員名單由赫澤爾和另一個人起草的；臨時共和國成立時，赫澤爾任外交部辦公室主任。

1848 年 12 月 10 日,拿破崙·波拿巴宣布就任共和國總統。從此以後,赫澤爾便脫離政界,但他並不拒絕托克維爾交給他的到德國執行蒐集情報的任務。

這位出版商可以悉心經營他的出版社,為巴爾札克、喬治·桑、拉馬丁等人的最大利益服務了,同時可以繼續當《國民報》的撰稿人。

1852 年 12 月 2 日,拿破崙政變時,赫澤爾險遭逮捕,於是亡命布魯塞爾,與維克多·雨果,並與普魯東、路易·布朗、萊克呂這些共和派中堅保持聯繫。

1859 年大赦時,赫澤爾返回巴黎,繼續經營出版業,為他的好朋友普魯東、拉馬丁、巴爾札克、雨果等人出版作品。

集革命家、文學家、出版商於一身的赫澤爾一向關心青年。他不僅親自執筆為年輕人寫作,而且鼓勵作者要面向這批讀者。

他出版過一套精美的當代最優秀作家的短篇小說叢書,當時正在籌辦一份刊物《教育與娛樂》雜誌,並向一批學者和文學家邀稿,但他總覺得這些文章有些夫子氣,不適合青年讀者的口味。

1862 年深秋,朱爾·凡爾納懷著激動不安的心情,腋下夾著手稿,輕輕敲開朱爾·赫澤爾的家門。

一位僕人開門迎客,彬彬有禮地請凡爾納徑直上二樓。

這次歷史性會見是在赫澤爾的辦公室兼臥室內進行的。

赫澤爾由於社務繁忙，多在夜間工作，加上這段時間健康情況不佳，有睡回籠覺的習慣，有時就在這裡處理日常事務和接待客人。

小朱爾時年 34 歲，大朱爾則滿 48 歲。他們兩人都不乏熱情，而人生又使兩人都學會沉著的美德。然而，兩位朱爾相互覺得滿意，他們在許多問題上具有一致的見解：這位大學生到達巴黎時，赫澤爾恰好進入臨時政府；凡爾納戰戰兢兢地歡迎共和國的成立，而赫澤爾卻親自協助這個共和國誕生。兩人均屬於革命黨人，他們志同道合，有著同樣的信仰。

凡爾納看到，他房間牆上或地板上都掛著或鋪著沉重的花毯，赫澤爾正在襯托著仙女和牧羊人華麗的古典佈景中。

半倚在床上的赫澤爾伸過手來說：「請坐。由於看稿，睡得很晚，恕我禮貌不周。」

凡爾納趕緊說：「不！是我給您添麻煩了。」

二人簡單寒暄之後，朱爾·凡爾納遞過稿子，便默默不語。周圍的氣氛頗為單調而乏味。

當非常熟悉自己題材的凡爾納介紹了他的創作提綱時，赫澤爾理解了這個提綱的全部意義，但作為出版商，赫澤爾卻大吃一驚，因為他一直想實現他為年輕人出版一份優秀雜誌的雄心壯志。

　　幾頁手稿引起了他的注意，他立刻明白，這位年輕作者的創作意圖並不是虛無縹緲的。

　　而且無論從哪個角度看，這部作品的寫作功底都非常扎實。作為行家裡手，他必然要對這位天才的小說家，非常值得關懷的文壇新秀，提出一些真正的發自內心的批評和建議。

　　赫澤爾說：「凡爾納先生，我需要點時間把稿子看完，你過半個月再來好吧？」

　　凡爾納客氣地說：「可以，那我改天再來拜訪。」

　　說完，他就離開了赫澤爾的房間。

　　半個月之後，凡爾納又來到了赫澤爾家。

　　凡爾納心裡忐忑不安，他小心翼翼地問：「赫澤爾先生，您對我有什麼建議？」

　　剛開始，赫澤爾以出版商的口吻說：「不好意思，凡爾納先生，我看過您的作品了，非常有價值，但是我抱歉地說……」

　　凡爾納心中一下充滿了懊惱，他沒等赫澤爾把話說完，就拿起了自己的手稿，站起身就想離開這裡。

　　他剛轉過身，赫澤爾在他身後說：「請留步，凡爾納先生，我的話還沒說完呢！」

　　凡爾納只好站住。

赫澤爾放緩了語氣：「我作為一個比你大幾歲的人，首先提醒您，你的性子未免太急了。希望你能注意一下。」

凡爾納聽著這誠懇的話，慢慢低下了頭。

赫澤爾接著說：「我可以不恭維地說，您具有寬厚的知識，敏銳的觀察力，豐富的想像力，出色地把現實與幻想結合起來的寫作能力，善於引導讀者一起進入您所特設的幻想境界。您具備一個大小說家的所有素養。只是作品中有幾個地方需要改動一下，這樣作品就會更完美，肯定會大受歡迎。」

凡爾納虛心聆聽著。

「您可以壓縮篇幅，增加某些感情色彩的描寫，把它由故事變為小說。如果您能盡快把稿子修改好，到時候我願意與您談出版的事。」

凡爾納一下心花怒放，他感激地說：「您放心，我一定會認真修改的。」然後就辭別赫澤爾，邁著輕鬆的步伐離開了。

又過了半個月，凡爾納再次帶著修改完的手稿拜訪赫澤爾。

《氣球上的五個星期》描寫的是英勇無畏、久經考驗的探險家費爾久遜博士，在倫敦皇家地理學會的支持下，於 1862 年開始乘坐氣球飛越非洲，以便將非洲的地圖測繪完整。考慮到操縱氣球是一件純屬空想的事，他想出了一種使氣球自

由升降而又用不著耗費半點氣體的獨特方式。他只要在一根蛇形管中加熱外殼的氫氣便能升高，而他只要停止加熱便可以降低飛行高度。這樣，他便可以尋找有利的氣流。費爾久遜和他的同伴凱乃第、喬從桑給巴爾島出發，經歷各種各樣的冒險之後，終於成功地到達塞內加爾。

赫澤爾翻閱手稿之後，又請凡爾納談談他的寫作計畫。這時，無論從編輯還是出版家的角度看，赫澤爾都認為凡爾納的功底扎實，視角獨到，特別從自己新辦雜誌的角度看，更是人才難得。

他認為，凡爾納可以成為他正在為年輕人創辦的那份雜誌的理想的撰稿人。當時，在讓‧馬塞的主持下，他組織了一個優秀的團隊，但這套團隊還缺少一位成員。他擁有一批學者和小說家，但他一直在尋找一位能增添生氣的人，好讓他在這些五花八門的專家中起一種聯結作用，從而使他創辦的《教育與娛樂》雜誌更加名正言順。

讓‧馬塞雖然也寫過一些十分吸引人的小說，但這些作品保留著一種說教的味道，以致難於爭取青年讀者。

赫澤爾認為，凡爾納正是他尋找已久的最合適的合作者。於是二人草簽了一份合約，時間是 1862 年 10 月 23 日。

按合約規定，每年凡爾納向埃歇爾提供 3 部書稿，每部1,925 法郎，即每月收入為 481 法郎。

雖然這份合約說不上最理想，但在凡爾納看來，畢竟尋到了一個穩定的出版商。現在，凡爾納可以告別交易所，靠寫作來維持生計了。

決心離開證券交易所

儘管凡爾納對交易所沒有太多的留戀，但畢竟在那裡待了幾年，結識了一些要好的朋友。於是，在他告別的時候，他還是發表了一篇別開生面的演講：

> 我的朋友們！今天本人向各位告別來了。我一生懷有一個理想。熱拉丁說，每個男人每天至少要有一個理想，而我一生只有一個理想，那就是時來運轉。
>
> 我寫了一部只屬我自己的新體裁小說。如果小說能取得成功，那就等於發現一座金礦。當各位低買進高拋出的時候，我將不停地寫，拚命地寫。我就要離開交易所了，願各位財運亨通，我的朋友們！

赫澤爾果然是位有眼光、有魄力的出版商，在其他眾多的出版商拒絕了凡爾納之後，他接受凡爾納的手稿。他發現了凡爾納這匹文壇「黑馬」。於是他抓緊了時間，為這位新人的另類題材的小說的出版，花了很多心思。在總共不過兩個月時間，連同審稿、修訂、排版、印刷、裝訂一系列工序，一氣呵成，而且裝潢精美，還有 80 多頁由畫家粵里所做的插圖。

1863 年元旦，凡爾納的成名之作《氣球上的五個星期》，作為新年禮物，已經擺在巴黎和外省的書店櫃臺上了。

在 19 世紀的技術條件下，這也許是一種奇蹟。

小說引發氣球熱潮

《氣球上的五個星期》所取得的成功宣告了科學小說的誕生。這部作品也表明了凡爾納是第一流的小說家。

一部以地理題材為個線的小說，其中又沒有任何情感奇遇的穿插，這是很難引起讀者的興趣的。而這主要得益於凡爾納高超的文學技巧，他善於創造氣氛，在這種技巧的掩蓋下，字裡行間顯示出相當驚人的資料性。

正是因為那種獨到的、直接與讀者接觸的表現手法，能把讀者的想像帶入他所描寫的環境中，才使讀者朋友們讀他的作品時如臨其境，感同身受。

這部作品對尼羅河的源頭作了精確的描述。尼羅河不僅是非洲最大的河流，也是世界古代文明發祥地之一，但是，尼羅河河源被蒙上一層神祕的面紗，成為千古之謎。

古希臘歷史學家希羅多德認為，尼羅河發源於乍得湖某一個地方。

希羅多德之後 200 年，古希臘數學家、文學家、地理學家亞歷山大厄拉托斯忒尼說，尼羅河河源在赤道附近的一個

湖泊。又過 200 年，古希臘天文學家、地理學家、數學家、地圖學家托勒密說，尼羅河來自西方的湖泊，在地下流淌 25 天以後到埃及境內才流出地面。中世紀征服了整個北非的阿拉伯人認為，尼羅河水天上來。

而斯佩克僅僅在 1862 年 7 月 28 日才到達河源，他返回喀土穆的消息也只是在 1863 年 4 月 30 日透過他由亞歷山柏阻轉來的一份急電才為人所知。由此可見，凡爾納對新的科學具有極度的敏感性。

作品中還有另一處非常令人讚嘆的精確描述：在維多利亞湖西岸居住的卡拉格瓦各部落的婦女是由於經常吃酸牛奶而長胖的。斯佩克注意到了這個細節，但只是在 1863 年才提到，這已經是那本書出版之後的事了。這說明，作者早已了解到這個事實，很可能是從比斯佩克早回來的他的一個合作者那裡得知的。

關於飛行器的研究，法國當時走在世界前面，氣球發明也首先發端於法國，蒙代菲爾兄弟的熱氣球和夏爾博士的氫氣球的發明同在 1783 年。德‧拉‧朗德爾的《航空學》、空氣靜力學的先驅默斯尼埃的著作，都是凡爾納寫作的源泉。

凡爾納運用當時的科學技術的新成就，使他的小說具有科學創見的氛圍。與其說他在科學上有獨到見解，不如說他能經常把他人的創見出色地融於幻想之中。

《氣球上的五個星期》還有一個副標題 —— 非洲探險。

1860 年代，歐洲工業正處於蓬勃發展時期，資本主義大生產需要原料產地和產品市場，於是開展「發現非洲」活動。各種考察隊、探險隊魚貫進入非洲腹地。

在 19 世紀上半葉，只有 21 個探險隊，到下半葉就有 202 個探險隊湧入非洲。這種「非洲淘金熱」的探險隊，魚龍混雜，泥沙俱下，有殖民主義、傳教士、商人、冒險家、形形色色野心家湧向這個大陸尚未被征服的乾淨土地。這中間，也不乏為科學獻身的學者。

1849 年至 1854 年間，德國旅行家、探險家亨利‧巴爾特博士從北方進入非洲，1852 年，英國旅行家、傳教士大衛‧李溫頓博士從南部進入中非，與他會合。

1857 年，英國旅行家，中部非洲探險家約翰‧斯皮克和英國探險家理查‧巴頓領導的倫敦地理學會探險隊從東部進入中非。三個探險隊的交叉點，可能就是尼羅河的神祕河源。

而這東、西兩個探險隊所達到的最遠點有一個中非地帶，是歐洲人從未涉足的、也完全不為人知的地方。然而，三個探險隊無一能達到目的地。巴爾特博士的隊員於途中相繼喪生，博士本人倖免於難；李溫頓博士被瘧疾和敗血病折磨得命在旦夕；巴頓和斯皮克幾乎雙目失明，也就是說，他們徒勞往返，一一失敗了。

　　而《氣球上的五個星期》中的主角費爾久遜博士他們，卻在幾週內就完成了他的先行者們前赴後繼，付出多少年勞動甚至生命代價無法實現的理想。他們於 1862 年 4 月 18 日從桑給巴爾出發，9 月 23 日通過尼羅河源頭，5 月 24 日到達塞內加爾，整整 35 天。

　　這種幻想不是不著邊際的幻想，而是現實主義幻想、有科學根據的幻想。因此，作品問世後，許多讀者都以為書中所描述的是一次真實的探險活動。甚至有一位名叫費弗爾的讀者，還寫信向出版社索要這次探險非常有價值的資料。

　　雖然這部作品題材新穎，但取得這種成功的不僅僅在於作品本身，而且它得益於當時的情況，而它又是組成這些情況的其中一種因素。

　　當赫澤爾看過凡爾納的作品之後，就把他的朋友納達介紹給了凡爾納。

　　赫澤爾於 1848 年認識了納達。這位早年的漫畫家後來成了時髦的攝影師。而且納達在這方面的確是一個天才和先驅者。他曾經借助電燈拍攝了許多巴黎下水道的照片和第一批航空照片。納達還創立了探測攝影。

　　納達把攝影提高到了藝術的高度，在一幅拍照的漫畫上，畫著他帶著照相機在巴黎上空一個吊在氣球下面的筐子裡，勉強能保持住身體的平衡。

　　納達是個愛嚷嚷又好動的角色，對任何新鮮事都挺感興趣。1862 年，他對航空科學簡直著了魔。

　　埋頭創作《氣球上的五個星期》的凡爾納或許給納達談起過他正在醞釀的這部書稿，甚至談得更深入一些，將他對空中航行的想法全告訴了他。他認為，飛越非洲的氣球事實上並不是一艘飛艇，而是一隻借助使它能自由升降的體系尋找順風的航空帆船。未來屬於比空氣更重的物體，這種物體既依靠大氣層，又不再成為大氣層的奴隸。當納達創建「航空旅行」團體的時候，凡爾納也參加了。

　　1863 年，這個團體在納達的工作室進行蒸汽直升機模型表演。當時大家激烈爭論的是，想像中的直升機和實際存在的氣球之間是否存在比空氣重而比空中飛行器輕這個問題。

　　納達的注意力很快被吸引到這個問題上來了，這種可能性不能排除。他交遊甚廣，很快便跟正在以土辦法尋求同一個問題的答案的德‧拉‧朗德爾和蓬同‧達梅古爾接觸。他設想成立一個空中航行研究學會，由朱爾‧凡爾納任該會督察員，由他的兩位朋友任研究員。很顯然，為了以更有效的方式研究這個問題，籌集資金乃是必要的。

　　他們立刻籌劃製造一隻命名為「巨人號」的大氣球以吸引大眾的注意。這個氣球將與《氣球上的五個星期》中的「維多利亞號」開始在非洲上空飛行的同時升上高空。

最終，這些人成功了，「巨人號」果真造出來了，舉行升空儀式時引起了極大轟動。當時，坐在它寬敞的吊籃上的有很多顯赫人物，此外還裝有糧食、武器以及一位「黑奴」！

不幸的是，「巨人號」的第三次航行大概在漢諾威島結束了；納達和他的夫人遇到了極大的危險。而在此期間，《氣球上的五個星期》中的「維多利亞號」繼續成功地在非洲的上空飛行。

人們都被這兩個氣球，一隻真實氣球，一隻想像中的氣球的驚險旅行搞得喘不過氣來，但大家都對「費爾久遜博士的探險活動」保持著熱情關注。

描繪北冰洋上的奇觀

《氣球上的五個星期》的出版，奠定了凡爾納作為一名傑出小說家的地位。

回顧 1848 年朱爾‧凡爾納來到巴黎求學，取得法律學位之後，本可以返回南特，繼承父業，過上外省安適平靜的生活，但他寧願留在巴黎孤軍奮戰，窮困潦倒，探索他的獨特的文學道路。

如果當初他一直從事他喜歡的戲劇，那他只能成為一個第四流的作家。而現在，他已經找到了應該走的道路，他成功了。

　　從 1851 年至 1862 年這 10 年間，凡爾納從一名景仰維克多‧雨果和崇敬大仲馬，並在二者之間徘徊的文學青年，10 多年間歷經了政治理想的破滅、窮困生活的熬煎、情場失意的痛苦、疾患的折磨，其中雖有動搖和失望，但仍矢志不渝，苦苦探索。

　　多年來，他學習苦讀，筆耕不輟。日復一日，街上的煤氣燈點燃又熄滅；年復一年，春風剛剛吹綠了蒙馬特爾高地，秋雨又淋病了塞納河邊的弱柳。

　　經過多年的艱苦磨難，他培育的種子終於發芽、開花，結出了豐碩的果實。凡爾納成為科學幻想小說或科學浪漫主義的奠基人、未知世界的探索先驅、科學的預言家，又是這一文學體裁的唯一代表。

　　1863 年 9 月，凡爾納的經濟收入已有所增加，生活逐步得到保障和改善，於是他搬進了巴黎郊區奧特伊爾拉封丹街 19 號一間體面的房子裡。這座住宅雖然並不很大，但是獨立的，幽雅肅靜，利於創作。

　　書房的隔壁是會客廳，赫澤爾經常在這個房間出入，與凡爾納商談每一部書稿的計畫、優點和缺憾，並為他送來稿費。

　　凡爾納的書房裡放了一張行軍床，兩把木椅：一把坐著寫作，一把堆放資料。他每天幾乎都待在這裡，只有吃飯才走出書房。

　　奧諾麗娜仍然把全部精力用來照顧兒子和丈夫，料理家

務。她雖然依舊為凡爾納準備可口的飯菜，但已經不再奢望能得到他的感動和讚賞，因為他只痴迷於自己的作品，只為自己創造出來的情節和人物而感動。只有林澤爾到來時，可以聽到凡爾納的笑聲和滔滔不絕的討論。此外，奧諾麗娜只能品嚐沉悶的家庭氣氛，她非常憂傷。

　　有一天晚飯時，奧諾麗娜突然發現，餐桌旁的一把椅子意外地變矮了，她坐到上面試了試，餐桌竟然與自己的下巴一樣高！她不由納起悶來：「是朱爾把椅腿鋸短了？家裡除了他還有誰會這樣做！這麼早就給米歇爾準備椅子嗎？他才兩歲呀！」

　　她想破了頭也想不明白，只是喊：「親愛的，吃飯了！」

　　凡爾納默默地走出書房，來到桌前。他竟然一下就坐在了那把矮椅上！

　　奧諾麗娜差點驚叫起來，看著凡爾納把嘴巴放到餐碟上，他不用彎腰，也不用刀叉，就將飯菜吃到了嘴裡。

　　這頓飯他吃得快極了，只見他把嘴往餐碟上一舔，幾下餐碟就光了。看來他不是在品嚐奧諾麗娜的高超廚藝，而只是履行一個把飯菜放進肚裡的過程。

　　看著凡爾納嚥下最後一口飯菜，奧諾麗娜說：「親愛的，我原認為那把椅子是你為兒子準備的，原來是你自己用的。如果你每天都這樣快把飯吞進肚裡，那你的健康肯定會出問題。」

「我的時間很寶貴，我可不想在吃飯上多浪費，這個發明可以省下一些時間，真是我的傑作。」凡爾納說完，站起身就進書房去了。

奧諾麗娜眼裡噙滿了淚水，她對著凡爾納的背影說：「難道你都沒有時間坐下來好好吃一頓飯嗎？」

凡爾納當時的確是沒有享受美食的時間，他正在為他的下一部小說爭分奪秒地準備資料。當時，他在閱讀一本關於英國航海家約翰·富蘭克林的傳記。

富蘭克林是個狂熱的探險家，對下屬極其嚴厲，熱衷征服西北航道達到瘋狂的程度，他不畏艱難，不懼險阻，出生入死，視死如歸。

富蘭克林從青年時代起，就喜愛上了探險，32 歲當了船長，當即統領一支西北通道的探險隊，此後又進入加拿大北部荒涼地區。

1845 年，富蘭克林最後一次探險時年已 57 歲，他率領「黃泉號」和「恐怖號」從英國利物浦出發，一去杳無音訊，生死不明。

10 多年來，這位勇敢的探險家的失蹤，一直牽動世人的心，在此期間，許多國家派出探險隊，相繼進入西北航道，尋找富蘭克林的下落。直至 1859 年，由麥克·克林托克的探險隊才帶回富蘭克林船長和全體船員 138 人全軍覆滅的確實證據。

據稱，富蘭克林率領的探險隊，由於被流冰夾住，只得在極地越冬，全體人員因天寒地凍，無以充飢，相繼殞命，無一倖免。另外，據說從英國海軍部訂購的罐頭食品，內裝腐肉、沙子、鋸末。

凡爾納在閱讀傳記時，做了大量筆記。他被故事深深地吸引住了，他甚至無法控制自己狂跳的心臟。他把自己想像成了富蘭克林船長，一位勇敢的極地探險英雄。

凡爾納的頭腦在激烈地沸騰著，手中的筆也不停地顫抖。他又查找了很多資料，找到幾種不同類型的世界地圖，在那白茫茫的北冰洋上，他探索著航海探險的路線。一個極地航海探險的計畫就這樣在他頭腦中產生了。

1863 年夏的某一天，凡爾納在稿紙上寫下一行大字：哈特拉斯船長歷險記。

於是，凡爾納便開始了這部小說的創作，小說開頭籠罩著神祕的氣氛：一支神祕的探險隊悄悄地從英國利物浦起程了，不事張揚地駛向北方。到了大海上才宣布，船長是婦孺皆知的哈特拉斯，目標是北極。哈特拉斯，據說是北極一座火山的名字。

凡爾納夜以繼日，筆耕不輟。他已經忘記了自己是在 10 平方公尺的書房內，還是在那艘駛向北極的船上；他不知道自己手裡拿的是正在寫字的筆，還是正在追逐那隻受傷海豚的揮舞的船槳。

　　凡爾納對北極探險的進展情況瞭如指掌，並充分運用各種極地理論、假說和設想。同時，他不僅準備充分，而且寫作十分投入。他透過想像，已經完全融入到哈特拉斯的北極探險中，已經置身於他要展開人物的地點。他深入到主題之中，到了緯度80°的地區，氣溫達零下40℃。雖然當時正值盛夏，但他一寫作便患感冒，呼吸困難，手腳麻木。

　　他大喊著：「誰來幫幫我啊？快幫幫我，我的手被凍僵了，槳也握不住了！」

　　奧諾麗娜聽到他的呼救聲，趕緊奔進書房，摸一了下他發燙的額頭，嚇了一跳：「親愛的，你發燒了！肯定是晚上睡覺著涼了？我幫你拿藥。」

　　但凡爾納根本一點反應都沒有，他根本沒有感覺到身邊的奧諾麗娜，還在高喊著：「哈特拉斯船長，我們的船被浮冰夾住了！我們被困住了，周圍都是茫茫的冰海。」

　　奧諾麗娜明白了，凡爾納陷入他自己創設的「北冰洋的奇觀」中了，自己反而成了局外人，她委屈地離開了。

　　連續奮戰了10多個小時，一直寫到哈特拉斯帶領大家穿越了危險地帶，凡爾納才長出了一口氣，停下手來。他回到巴黎的盛夏，立時感覺腰痠背痛，手指麻木。

　　這期間，奧諾麗娜為他把飯熱了好幾次，端進來又端出去。這時奧諾麗娜又為他送來了剛熱好的飯。

　　凡爾納卻說：「親愛的，我在船上吃過了。船長為我們準

備了豐盛的午餐。哦！對了，他剛剛下命令讓我們全體船員立刻休息。我必須服從這個嚴厲的船長！」

凡爾納說完，立刻起身來到那張行軍床上，倒頭便睡。

奧諾麗娜喊他：「不是的，親愛的！你已經10多個小時沒吃東西了。現在不是中午，已經是深夜了！聽見了嗎？親愛的！吃完飯再睡好嗎？」

但凡爾納鼾聲響起，他已經聽不到了！

奧諾麗娜心疼地看著疲憊不堪的丈夫，白言白語道：「這對他的健康會有害的，我必須想個辦法。」

奧諾麗娜給赫澤爾寫了一封信，把情況向他說明，並求他幫忙。很快赫澤爾就回信了，說他過幾天就趕過來。

赫澤爾果然沒幾天就來了，奧諾麗娜開門把他迎進客廳。凡爾納根本不知道赫澤爾到來，他已經完全聽從哈特拉斯船長的命令，其他什麼聲音也聽不見了。

赫澤爾走進凡爾納的書房，眼前不再是以前那個瀟灑的年輕人了。只見凡爾納滿臉憔悴，長髮雜亂，衣衫不整。尤其讓赫澤爾驚奇的是，書桌下面還放著一個盛滿水的大盆，凡爾納兩隻腳放在裡面，手上一邊不停地寫著，雙腳不停地在水盆裡搖動。

奧諾麗娜解釋說：「他說，只有把腳放在水裡，他才能找到船在海中的感覺，他才會產生靈感。這真是匪夷所思！赫澤爾先生，他是不是精神上有毛病了？」

赫澤爾安慰她說：「沒事夫人，不用擔心，我知道他在做什麼。」他看著眼前的情景，不由得淚水奪眶而出：作家這樣來創作，還擔心小說不會暢銷嗎？他輕聲對凡爾納說：「喂，朱爾，停下休息一會吧！」

但凡爾納的心還在茫茫的北極冰原上，根本沒有理會赫澤爾。

奧諾麗娜說：「他說過，他只聽從哈特拉斯船長的調遣。」

於是赫澤爾命令道：「我是哈特拉斯船長，我向凡爾納船員下命令，立即停止划槳，馬上回艙休息！」

嘿，這招兒還真靈！只見凡爾納順從地放下筆，起身來到行軍床前，躺下便睡著了。

凡爾納這覺睡到第二天中午。在這 10 多個小時裡，赫澤爾把書稿略讀了一下，他被哈特拉斯船長那勇敢無畏的精神深深地折服了。作者大量採用真實準確的細節描寫，探險隊一路風險一路關隘，一環扣一環，通過雷根海峽、貝羅特海峽、富蘭克林海峽、克林托克海峽、彭尼海峽。一波未平一波又起，每一個海峽都是一道鬼門關，而每一關口又各不相同，使人讀來如身臨其境，緊張得沒有喘息機會。

赫澤爾預感到，這是凡爾納繼《氣球上的五個星期》之後的又一部成功力作。

接下來，赫澤爾一直關注著凡爾納的進展情況，他們一起探討哈特拉斯後來的命運。

凡爾納塑造哈特拉斯船長這一人物形象，是以富蘭克林為原型的，二者一樣以對船員要求十分嚴格而聞名，對探險事業一樣地執著，一樣地狂熱，一樣地英勇果敢。原來凡爾納安排哈特拉斯和富蘭克林一樣的結局，葬身北極。因為小說的最後一部分所有的船員都犧牲了，剩下哈特拉斯一個人在茫茫的冰原上，只能跳入一個火山口自焚。

但在赫澤爾的反對下，凡爾納才安排哈特拉斯返回英國，進了瘋人院。

不過，凡爾納塑造哈特拉斯形象，又不局限於富蘭克林的這一個原型，而是概括眾多極地探險家的諸特徵而創造出一個極地探險家的典型，因而它更富有魅力。

這部小說在《教育與娛樂》雜誌上連載發表，在連載過程中，凡爾納還在不斷修改。1866 年，才出版發行了修改後的單行本。

果然如赫澤爾所預料的一樣，《哈特拉斯船長歷險記》引起了社會各界的關注。

著名的探險家夏爾利認為這是一部「最出色的航海日誌」，並肯定說，他曾親身經歷過書中所描寫的那些事件。

許多探險家都承認，沒有哪部作品能比得上《哈特拉斯船長歷險記》中所描寫得那樣逼真，海上的生活、探險者經歷的苦難、北冰洋上的奇觀，都被凡爾納描寫得淋漓盡致。

凡爾納把他收集的新發現的北極資料和有關北極的理論

學說同幻想結合起來，並創造出一種在北極的嚴酷條件下，小說主角不畏艱險、奮然進取的蒼涼悲壯的氣氛。

《哈特拉斯船長歷險記》的成功之處，還在於作者為我們塑造的幾位性格各異但同樣可敬可親的人物形象，水手長詹遜忠於職守、誠實可愛；科學家克勞博尼的謙虛質樸、為科學獻身精神使讀者動情；哈特拉斯，這位北極探險的狂熱鼓吹者和實踐者，最後成為自身狂熱精神的「犧牲品」，令讀者扼腕嘆息！

精心創作《地心歷險記》

在創作《哈特拉斯船長歷險記》的同時，凡爾納又開始探索一個純幻想領域，即深入地球內部做一次幻想中的旅行。《地心歷險記》的書名雖然俗而又俗，而內容則有科學根據，風格獨特。

如果說《哈特拉斯船長歷險記》像在準確得像一部「最出色的航海日記」的環境中幻想，那麼《地心歷險記》則是在幻想環境條件下任你正確運用科學。

凡爾納的這個想法，來源於 1863 年冬天他結識的一個朋友，地質學家查理士·塞特恩·克萊·德維爾。

德維爾是一位性格暴烈、風風火火的火山狂。他到過許多火山探險，雖然這位學者身材不高、身體單薄但卻十分硬

朗，他一講起火山，就眉飛色舞、滔滔不絕，不僅講述種種不同的火山噴發現象，還講解火山噴發原理。他的講述令聽者如痴如狂。

多年來，德維爾一直從事火山研究，多次到過特納李維和斯特隆博利火山，還到過安的列斯群島火山。他還對冰島和義大利的地質地貌情況所知甚多，因為這兩個國家是火山多發區。

凡爾納創作《地心歷險記》的立論基點，不僅來自於德維爾所講的火山故事，他還採納了美國人約翰·克利夫特·西姆斯於 1818 年提出的地球空心的假說。西姆斯大膽地假設，地殼空心內有 5 個同心球體，各球體運行於地球數千英里直徑的兩極開口間。1838 年，在西姆斯的鼓吹下，美國國會曾贊助派出一支探險隊開赴南極。

1820 年，有一個叫西姆恩的人，也可能是西姆斯本人，寫了一本小說，名叫《西姆佐尼亞》，也持地球空心觀點，到地球內部做了一次旅行。另外，愛倫·坡的長篇小說《阿瑟·戈登·皮姆紀事》，也是同一理論假說的派生產物，不過幻想成分多一些而已。

經過一段時間的構思和研讀，凡爾納收集了大量的資料，他的另一部科幻小說《地心歷險記》誕生了。愛倫·坡和西姆斯都極力描述南極，而凡爾納卻專注北極。一方面與當時人們特別矚目北極探險有關，另外，凡爾納故意反其道而行之。

　　這部小說描寫的旅程，是從冰島起程到地球的心臟。書中的主角是一位 50 多歲的德國礦業教授李登布洛克，一個偶然的機會，他在一本古書中得到了 10 世紀冰島一位著名煉金者夾在其中的密碼文件。而他的姪子阿克賽爾無意間破譯了這個密碼：

　　從斯奈夫・約夫舊火山口下去，7 月分以前斯
加凡里斯山峰的影子會落在火山口上，勇敢的探索
者可以由此抵達地心。我已經到達過。

阿恩・薩克奴山

　　阿克賽爾是個「性格有點優柔寡斷」的小夥子，和「他以德國人那樣的熱心而安靜地戀愛著的」未婚妻葛拉蓓一樣，對離開漢堡的安樂窩，離開他那些庸俗的習慣缺乏熱情。葛拉蓓是個藍眼睛的女郎，「性格較為嚴肅」；命運恰好落在阿克賽爾頭上，使他找到能辨讀阿恩・薩克奴山密碼文件的鑰匙。

　　而李登布洛克憑著他對科學探索的執著精神，決定帶著阿克賽爾去進行這次「最離奇的旅行」。於是，叔姪兩個在冰島嚮導漢斯的陪同下，三人沿著當年薩克奴山路線的通道進入了地心。

　　旅途中，他們經歷了種種無法預料的艱難困苦，親眼見到了奇妙世界中的各種景象，最後，由於羅盤發生故障，指錯了方向，他們沒有到達真正的地心，但這次為期兩個月的

探險，卻使他們成為轟動世界的人物。

小說中，最令人難忘的部分，要數阿列克賽的那個夢境了。作家借助這個夢境，幾乎歷數了地球上的生物演變史。即使在今天，這個夢也是一種十分漂亮的地球生物演變史的幻想，那麼在 1863 年，就十分驚人了。

在經受了可怕的考驗之後，阿克賽爾將能追溯世紀的源流，了解這個史前業已消失的世界；更值得欣慰的是，他發現了亞當以前紀元的人類。此後，他認為「一切合乎人情的東西都能成為現實，我忘記過去，我鄙視未來」。

書中還出現了一個酷似人的巨大動物驅趕猛獁象的幻想。如果這個動物是類人猿的話，那就令人目瞪口呆了，因為直至 20 世紀初，才有類人猿或雪人的巨齒的發現。

以阿克賽爾為主角的這部小說，簡明扼要地描述了我們的命運，深入淺出地說明了人類的憂慮。這種憂慮常常出現短暫的間歇，好讓我們作出新的努力。

當我們的努力將我們引入一個令人失望的絕境的時候，當「黑暗」籠罩著我們的時候，我們自覺或不自覺地求助並委身於一個沉默的上帝。這種絕望的祈禱將產生最原始的正面力量，並給了我們堅持下去所必需的勇氣。

1864 年 10 月 25 日，《地心歷險記》正式出版。它使整個世界都為之震撼，被翻譯成多種文字。人們閱讀、討論，

質疑者和擁護者都站在自己堅定的陣營中互相攻擊。

在這部被稱為「地質史詩」的作品中，凡爾納以現有的科學為依據，張開想像的雙翅，陳述了一個有關地球演變的傑出幻想。實際上，凡爾納這些年來一直關注著 19 世紀的先進思想和最新的科學發明發現，他未必相信西姆斯的地球空心假說，那裡有若干衛星在運行，並且棲息著地球上早已絕跡的古生物群，又豈能相信從冰島的特納李維火山口下去，在地心裡優哉游哉遊覽一番史前種種奇蹟，在西西里島的斯特隆博利火山爆發時走出來。

但冷卻地球假說、地球空心假說，只不過是他用來恢復地球遠古歷史、使讀者目睹地下奇異世界的一種手段罷了。

1859 年，英國生物學家達爾文的《物種起源》出版後，各國學術界為之震動，因為他提出的進化論，是自然選擇的必然結果，這沉重地打擊了宗教宣揚的創世說。

1863 年，當凡爾納正沉迷於小說創作的時候，巴黎出版了《物種起源》的法文版。在當時宗教界看來，凡是對《創世紀》表示懷疑的地質發現，都是十惡不赦的。此時，關於古地質學和古人類的爭論，已到了最後關頭。正像一位宗教權威人士所說：「要麼你站在類人猿一邊，要麼你站在天使一邊。」

凡爾納並不害怕遭到非難，他堅定地站在類人猿一邊。

後來，新版本中加入了插圖，凡爾納加進了發現古人類

化石的細節，並且宣布：「如果我們要有絲毫懷疑，那將是對科學的極大誣衊。」

隨著科學的深入研究，凡爾納的世界觀也發生了重大變化，他漸漸擺脫了天主教的影響，而成為一個自然主義者。

10 年之後，凡爾納卻因為《地心歷險記》而受到德爾馬斯先生的指控，說他在創作《地心歷險記》的時候，剽竊了他的一篇題為《米內弗的頭顱》的中篇小說的內容。他還收到一份催告書，要他付款 10,000 法郎。

接到這份催告書後，凡爾納吃了一驚，說：「幹嘛不要求付 1,000 萬法郎！」

《米內弗的頭顱》這篇小說曾發表在《當代人》雜誌第三十五卷的第二部分；作品的主角在一口置放在山頂上的棺材裡發現了一個人頭。凡爾納對他的出版商說：「這兩個題材之間沒有一絲關係。」但僅有一個稍微會使人覺得驚訝的相似點：那就是，《米內弗的頭顱》中，棺材的位置是由一根柱子在月光下投射的影子標示出來的，而《地心歷險記》卻利用陽光投射一座山峰的影子去標明進入地球深部的入口位置。

凡爾納說：「瞧！德爾馬斯先生的小說大體上是在我那本書開頭的地方結束的！我向您發誓，我在寫《地心歷險記》的時候，根本不知道德爾馬斯先生的那篇小說。同樣很有必要指出的是，他之所以在要求文學家協會作出仲裁之後又改

變了裁判權，那是他剛被該協會判決為剽竊者。」

這場官司發生在 1875 年，結果德爾馬斯敗訴，被判支付全部訴訟費用。

這叫做「偷雞不成，蝕把米」。促使德爾馬斯控告凡爾納的動機，一為名，二為利，說到底還是利，見利忘義！

寫作《從地球到月球》

凡爾納的世界觀發生了巨大改變後，無論身外的世界發生了多麼大的變化，此時的凡爾納都不想去關注了，他感到身心俱疲，只想好好地歇一下。

恰在這時，他收到了多年未聯繫的弟弟保爾的來信，說他將帶著未婚妻回尚特內父母的別墅，他已經邀請了早已結婚的三個妹妹帶著全家一起去，另外還有他們的姑表兄妹們。他準備這段時間把婚禮辦了。

凡爾納頓時喜出望外。

想起來，自己有多少年沒有見到父母了，他們都已經老了。保爾，這個自己童年的玩伴，他變成什麼樣子了？自己的船員夢想是無法實現了，但保爾卻替自己圓了這個夢，他肯定被海風吹得黝黑？他到過童年時他們夢想中的那個遙遠的國度了嗎？他的未婚妻長得漂亮嗎？

凡爾納無法抑制心頭的狂喜，馬上把這件事告訴了妻

子。奧諾麗娜也大喜過望，臉上露出了久違的笑容。她親自張羅著為凡爾納和三個孩子做了新禮服，又給父母和保爾及其未婚妻準備了禮物。

凡爾納經過奧諾麗娜一打扮，也精神多了。

1864 年夏天，凡爾納家族全體成員都歡聚在南特城郊的那個偌大的尚特內別墅家中，弟弟保爾攜帶他的漂亮的未婚妻，三個妹妹及其眷屬歸省，此外還有阿洛特、特朗松、夏多布爾家族成員，奧諾麗娜帶著孩子們提前趕回。朱爾由於與赫澤爾商討《地心歷險記》的一些細節問題，兩天後也到達了尚特內。

儘管這一次歸省探親時，他已是大作家，不僅國內聞名，也名揚海外，可以稱得上衣錦還鄉，但卻無論如何找不到 1850 年 10 月 7 日他和大仲馬合作的《折斷的麥稈》在南特劇院上演後謝幕時那種感覺了。

全家人都非常高興。皮耶爾與索菲也早把當初凡爾納放棄法律而引起的那些不愉快拋到九霄雲外了。此間，大別墅內外充滿了節日氣氛。大家一起策劃，為年滿 35 歲的保爾與瑪麗·德·蒙陶蘭小姐舉行隆重的婚禮。

他們的三個妹妹已先後嫁出，安娜於 1858 年嫁給昂格·迪克雷斯·德·維爾納夫，瑪吉於 1860 年嫁給了維克多·弗勒里，瑪麗，那個外號叫「美麗蝴蝶」的小妹也於 1862 年嫁

給了萊昂·吉榮。

保爾和蒙陶蘭小姐在尚特內這尚且保存中世紀法國鄉村某些古樸特色的傳統環境中舉行一次傳統的婚禮。別墅內外到處洋溢著快樂的笑聲。皮耶爾先生兒孫繞膝,安享天倫之樂,自然喜形於色,老先生也特別慈祥和藹。

朱爾由於受這種生機勃勃、歡樂陶陶的環境的渲染,他的詼諧天性又復甦了。白天,他是這裡的中心人物,無拘無束,談笑風生。

在這些喜慶日子裡,大家每晚都舉行舞會和其他娛樂活動。然而,每當夜幕降臨時,朱爾又步入他自己的幻想世界漫遊。親戚們都抱怨說,朱爾變得不合群了,是不是有了名氣架子也大了?還有人擔心他夜間是不是又犯老病了?

是的,省親後由於激動,朱爾面部神經又有麻痺的感覺。

朱爾擺脫劇院祕書和交易所經紀人的職務後,並未如他所期盼的那樣,得到真正的自由。相反,他不僅沒有感到輕鬆,反而比以前更忙碌了。在面部神經麻痺的情況下,晚上他依舊伏案寫作。

這幾天回到父母身邊,他找到了孩提時的幸福感覺,但這種快樂僅僅維持了幾天,當他回到自己的書房時,就立即又被自己的幻想包裹起來。

　　氣球放飛了，北極冰原航行過了，也從地心中鑽出來了，那麼，他問自己：「你的下一個目標要去哪裡呢？」

　　10月的一天，凡爾納用過晚餐之後，信步走出讓他備受幻想襲擊的書房。

　　多美的夜色啊！晴空萬里無雲，深藍色的天幕中閃爍著點點繁星，天邊掛著一彎新月。

　　凡爾納的長髮和鬍鬚被晚風輕輕地拂起，他若有所思地感慨道：「如果時光能夠停住，那將是多麼美妙的事啊！」他望著那微亮的上弦月，不由心馳神往：「月亮是遙不可及的，但它卻是離人類居住的地球最近的星球，那上面有些什麼呢？」

　　他的幻想繼續延伸：「人類可以到達月亮上去嗎？那得造一架多麼高的雲梯呀！浩瀚無垠的宇宙啊！我多麼想在你的胸懷中自由遨遊！」

　　1865年，歷時5年的美國南北戰爭，隨著南方聯軍統帥羅伯特·李於1865年4月9日向北方聯軍統帥格蘭特投降而宣告結束，美國人民獲得了自由。聯邦政府的勝利，在以出版商赫澤爾為核心的共和派人士中引起了熱烈迴響，他們一起隆重慶祝。

　　凡爾納和赫澤爾與他周圍的自由黨人，一直衷心祝願著持反對奴隸制思想的北部軍隊取得勝利。凡爾納始終關注這場戰

爭的全過程,後來寫過一本小說,名叫《北方反對南方》。

《北方反對南方》一書中,凡爾納對這場戰爭的描述表明,他非常了解事態的發展。同時,他對雙方為使砲兵具有一種時至今日仍無法弄清的威力而作出的巨大努力感觸尤深,並對此感到懼怕。

是的,戰爭結束了,武器被閒置,而軍火製造商無利可圖,他們會不會製造事端,重新挑起戰爭呢?這是像凡爾納一樣愛好和平的善良的人們所擔心的。

凡爾納從青年時代就痛恨戰爭、痛恨軍國主義、殖民主義,反對壓迫,反對暴政,同情被奴役被壓迫的弱小民族,隨著閱歷拓寬,認識加深,這種情感越來越強烈。

此刻,凡爾納想道:「大砲製造商的生意中斷了,他們會尋找何種方式來排遣心中的煩悶呢?多年以尋求徹底消滅同類的最佳方式為目標的砲兵將會變成什麼樣子?」

他心中產生了一個念頭:借南北戰爭結束之機,以幾位科學家和砲兵成立大砲俱樂部之名,行武器為和平和科學服務之實,以實行他和許多和平主義者的夢想。

凡爾納把手中的筆浸入到墨水瓶中,許久都沒有取出來,他覺得,這支筆變得無比沉重:「我將拿一部什麼樣的作品奉獻給我的讀者呢?那些或許會變成危險的肇事者如何去處置他們呢?如何才能讓世界永遠和平呢?」

　　這天，他帶著這些想法來到經常散步的林蔭小路上，有著千奇百怪想法的形形色色的人們都彙集到那裡。其中有個年過七旬的老者對凡爾納開玩笑說：「偉大的科幻作家先生，我們也痛恨那些軍火商。現在他們閒下來了，不如讓他們用大砲轟月亮吧！最好把他們也都送到月球上去。」

　　真是一句話提醒夢中人，凡爾納茅塞頓開，高聲叫道：「好主意！把他們送到月球上去，人們就永遠擁有和平了！」

　　目標找到了，現在的問題是，要達到這個目標。炮手們只能設想一種唯一的方式，那就是使用大砲。除了它，實在找不到別的方式了。

　　凡爾納非常認真，他要證實原先也許是個惡作劇，但顯然是一件可以做得到的事情。必須提供證據，物理和數學將要助幻想的一臂之力。他借助往年累積的科學知識，手執鉛筆進行各種計算。計算結果向他表明，從彈道的角度上說，這個方案顯然是可行的。再說，彈丸可由一枚砲彈來代替，而這枚砲彈是空心的。他依稀聽見他的朋友、冒險狂人納達向他嘟囔說，可以讓一個人坐在上面。這位敢作敢為、熱情奔放的人或許會毫不猶豫地去試一試這次如此瘋狂的冒險。

　　凡爾納非常謹慎，他不敢肯定自己的計算是否準確，於是請他的堂兄、高等數學教授亨利‧加塞再認真地算了一遍。

　　亨利‧加塞曾發表過一篇關於宇宙學方面的論文，做這

樣的計算是完全可以勝任的，他把數據認真地算了一遍。

發射彈道確定下來了，但仍然存在許多難以解決的異議。按照夏爾・諾埃爾・馬丁的說法，凡爾納既不是「無知的人，也不是容易受騙的人」，他必須以科學為依據，必須讓人接受這樣的事實；這些異議雖然難以解決，但畢竟被解決了，只有這樣他才能將小說寫下去。

假如使用火箭，猝然發生的加速運動、因與大氣層摩擦而發熱等這些障礙大概都可以被克服。事實上，火箭的確是問題的一種解決方式。

凡爾納不是不知道使用火箭，因為他的砲彈就裝有制動火箭系統。但這是在槍炮社會，根本談不上使用火箭！更為嚴重的是，推進火箭所必需的燃料在當時還不存在，有的只是火藥，而使用火藥又無法控制其爆炸力。

凡爾納無論在宇宙學方面，還是在物理、數學和化學方面，他對所獲得的結果都是極為謹慎的。他設計的太空船的發射彈道是準確的，這艘太空船用鋁製造，高度和重量都十分正確，而且預計到空氣形成環流。他將直徑為 4.8768 公尺、能分析巨蟹星雲的望遠鏡架在亂石崗上，與今天美國宇航中心發射航天飛機的甘迺迪角幾乎在同一緯度。這實在使人感到驚訝。

這架儀器跟後來設置在巴洛馬爾山同樣的石山上的那架直徑為 5 公尺的望遠鏡所差無幾！至於對巨蟹星雲的計算，

與今天的天體研究目標，差不多完全一致，並預見了宇宙航行諸多方面。

當把這些都弄清楚之後，凡爾納正式開始了這部小說的創作。

1865 年 9 月 14 日至 10 月 14 日，凡爾納的新小說《從地球到月球》在法國《論戰報》以連載的形式刊出。

《從地球到月球》是以劍橋天文臺的一份報告結束的。報告說，砲彈根本沒有到達月球，而是變為月球衛星，沿著一條橢圓形軌道運行。報告作出兩種假設，一是月球引力把砲彈吸走，落在月球表面；二是砲彈環繞月球運行，直至宇宙末日。

自從 1865 年，巴爾原、亞當和尼科爾這三位人類歷史上首批「太空人」騰空而起、消逝在茫茫宇宙空間以後，時過數年，他們的命運如何？

此後，人們會再得到三位空間旅行家的訊息嗎？他們能和地球再取得聯絡嗎？許多熱心而痴迷的讀者給編輯部寫信，有的甚至直接找凡爾納問。

直至 1868 年末，凡爾納才透露，他要寫這部小說的續集《環繞月球》。

續集描述了三位探險家在密閉的小船裡的感受，包括他們在外層空間奇異的失重狀況。書中用了大量的篇幅致力於數學和天文學上的推測。

1868 年，凡爾納開始計劃寫《環繞月球》之前，便把提綱呈請大數學家貝特朗過目。貝特朗認為，這個材料只夠寫「一本小冊子」。後來，凡爾納給赫澤爾的信中說：「如果貝特朗教授考慮一個星期，會有不同的看法。」

當砲彈進入月球軌道、環繞月球旋轉的時候，為避免砲彈在太陽系中迷失方向，此時要做第一次修正。當砲彈運行到月球背地球的一面，突然出現一個天體，再做一次修正。當月球運行到其橢圓軌道的近地點、地球引力重新起作用的時候，巴爾康啟動輔助火箭，使砲彈返回地球。

當這些疑難解決之後，凡爾納再次將創作提綱請貝特朗教授審核，並得到了這位大數學家的贊同。

1869 年 7 月，凡爾納從克羅托克寫信給《論戰報》編輯部，希望他們催稿不要太緊，他打算請「一位值得信任的數學教授看一遍全稿」，「此人是大數學家貝特朗的合作者」，即凡爾納的表兄亨利·加塞。

凡爾納為構思這種砲彈重返地球的方式，研究過大量資料。如果讓砲彈停留在月球上，那它將永遠無法離開，因為當年還沒有可資利用的輕巧的動力裝置使砲彈逃脫月球的引力。砲彈一旦成為月球的衛星，環繞月球運動，當它在月球引力區另一半徑中加速運動時，只要運用不大的動力，即可使砲彈重返地球引力區，飛回地球。

　　凡爾納讓地球上的人發射了幾枚輔助火箭，這才使砲彈擺脫了環繞月球的軌道，飛船跌到了地球上，落入靠近墨西哥海岸的太平洋中。後來一艘美國海軍的船隻從海中打撈上這個密封的小船，三位時代的英雄竟然在密閉室裡悠閒地打著橋牌。

　　在凡爾納的兩部宇航科幻小說《從地球到月球》和《環繞月球》中，闖進一個法國人，未見其人，先聞其聲，風風火火地來到讀者面前。此人即凡爾納的諍友，征服宇宙空間的志同道合者納達。納達向來以探索科學新領域並以知行高度統一而稱著於世，他於1863年幾次進行氣球飛行失敗後對氣球航行徹底失望了，又開闢新的科學領域，即研究重於空氣的空中交通工具。為此，納達、凡爾納和《航空學》作者德·拉·朗德爾發表了一份宣言，宣稱輕於空氣的飛行器已窮途末路，必須建造重於空氣的飛行器，並採用螺旋槳作為推動飛行器前進的工具。

　　納達的這份宣言曾轟動世界；而凡爾納又使他的好朋友納達作為世界上第一批太空人載入科學幻想小說的史冊。只是將納達（Nadar）名字的字母順序稍加改動成為亞當（Ardan），與讀者見面。

　　100年之後的1960年代，美國「阿波羅13號」的太空人佛朗克·鮑曼說，他駕駛的宇宙飛船與巴爾康一樣，也是

從佛羅里達升空的，座艙重量相同、高度一樣，後來濺落在太平洋的位置，距小說砲彈濺落位置只差4英里，他強調說：「這不可能是簡單的巧合。」並說，當他準備出發前，他的妻子擔心他的安危，他把凡爾納的《環繞月球》拿給妻子讀，讀後她就放心了。

文藝批評家夏爾·馬丁為此書再版寫了一篇不錯的序言，他指出：「正是他，而且只有他才有這種膽略和非凡的直覺意識，預計到有可能向月球發射一枚砲彈。更令人驚訝的是他在小說中多次提到砲彈變衛星的事實。」

珍愛「聖米歇爾號」

1865年，凡爾納要為他的一家找個度假點，他自然而然地想到索姆河的河口。該河注入大海，離巴黎比較近，同時入海口離亞眠約60英里。

3月分，凡爾納帶著妻子奧諾麗娜和兒子米歇爾，來到索姆河口的克羅托伊。克羅托伊只是一個小漁港，海岸平坦，對喜歡秀麗風光的人來說，似乎沒什麼魅力。但此處海岸別無任何東西攔阻巨浪狂濤，大潮頗為壯觀。

凡爾納挺喜歡這個地方，奧諾麗娜也沒表示不高興。孩子們可以在沙灘上嬉戲作耍，愛吵鬧的米歇爾還在這裡得了個外號，叫「克羅托伊的恐怖」。

一年前，凡爾納就曾帶著全家到這裡度過一個假日，從那時他就喜歡上了這個清靜的地方。

他們租了一幢二層的小樓房，從樓上可以俯瞰小港口。房子前有花園，背倚沙丘。花園中有一座涼亭，凡爾納將亭子改成工作室，名之曰「靜廬」。沙丘生長稀疏的樹叢和籬草，野雉和其他鳥兒出沒其間，小蜥蜴和其他爬行動物偶爾可見。

由於長期的工作負擔，凡爾納被壓得喘不過氣來，脾氣變得越來越壞，他覺得自己似乎變成了一個馱著重負的驢子。因此，他急於恢復那種寧靜的生活，於是便在這裡安頓下來，並決定在這裡定居。

在這裡，凡爾納覺得他離開喧囂的巴黎回歸大自然，他可以在安靜之餘和妻子、孩子開開玩笑；可以完全沉浸在最新的幻想之中，航行在世界各大洋的海底。這種寧靜的生活使他心曠神怡，擺脫應酬瑣事，可以集中寫作。在 1869 年 8 月的一封信中，他為此向他的朋友作了解釋：

> 現在，親愛的赫澤爾，請您相信，我雖然住在克羅托伊，但我並沒放棄巴黎。鑑於目前的境況，我不得不租一套更大的房子，各項費用都得增加，入不敷出，日子實在不好過。在這裡，生活安逸，甚至略有餘裕。看來，我們全家都感到滿意，我還能猶豫嗎？您想想，我有三個孩子，雖然前景尚未

使我感到擔憂，但眼前卻是極為艱苦的。

凡爾納經常到海灘上散步，和當地漁民們談天說地。洶湧的浪濤，激起了他對童年的美好回憶，也激發了他進行海上航行的強烈欲望。

他很快便購買了一艘舊漁船，請工匠改造成一艘小遊艇。小艇重 12 噸，可以在近海航行。在整置該船時，他感到極為高興，擁有自己的船是他夢想幾十年的事了。他以兒子和海峽守護神的名字，把這艘船命名為「聖米歇爾號」，這艘小艇將成為他的最大樂趣。

這是一艘又窄又長的小船，凡爾納自封為「船長」，身穿漁民的服裝，親自駕駛。雖然他已經人到中年，但一玩起來，卻快樂得像個孩子一樣。

「聖米歇爾號」上只有兩名船員，都是老水手了，一位叫亞歷山大·勒隆，另一位叫阿爾弗萊德·貝洛。勒隆以前是水手長，參加過克里米亞戰爭和入侵義大利戰爭。貝洛的經歷則更離奇，據他自己講，他曾周遊世界，多次與「野蠻人」格鬥過，當過波利尼西亞土著人的俘虜。貝洛是名經驗豐富的深海水手，而且是個故事大王，他講起故事來很誇張。凡爾納船長總是著迷於他的故事，每次都聽得津津有味。

「聖米歇爾號」雖然不是遊船，但相當牢固，可以承受遠遊的風險，因此很快便成了凡爾納的一種正常的交通工具。

航海是他工作之餘的唯一消遣，他幾乎從買到這艘船開始，就充分利用了它的價值。

當凡爾納伸展四肢俯臥於「聖米歇爾號」的甲板上時，奧諾麗娜總會不失時機地譏諷他：「我的苦命人啊！你根本不看天空，只把屁股對著它。真想不出，你那些美麗的故事是怎麼寫出來的？」

這艘小船一身兼三用，是遊艇兼漁船，更重要的是工作室。小艇狹小，船長室只可容納一條寬板凳，日間做席夜做床鋪，橫懸起一塊木板當做寫字臺，板凳上鋪草編的軟墊子，夜裡做褥子。工作間，簡樸異常，倒也十分舒適。

天氣晴朗，風和日麗，凡爾納儼然一隻真正的海狼，履行船長的職務，卜達命令。然而一旦遇上風暴，原來的水手長白髮蒼蒼的勒隆便快步走上船臺，接替凡爾納的職務，下達命令；撤了職的凡爾納和貝洛一起鬆緊帆繩，掌船駕船，一絲不苟地履行一個水手的職務，服從新船長的命令。

1866 年，凡爾納重返克羅托伊，這一次他把全家都帶來定居下來，因為他實在割捨不下心愛的「聖米歇爾號」。他讓兒子米歇爾在這裡上學，自己則一邊安心地在船上寫作，一邊在大海上航行。

凡爾納經常駕駛他的小船到很多地方去遊覽，他繞過科唐坦和菲尼斯太爾，從海上到波爾多去找他的弟弟保爾，並要將他帶回南特。

凡爾納曾經對妻子說：「親愛的，你知道嗎？我有多想念我的弟弟保爾？」

奧諾麗娜不耐煩地說：「當然，你說過不止一次了。」

「但你不知道，我現在最想駕駛著『聖米歇爾號』去找他。」

「為什麼？」

「我和保爾都熱愛大海，大海承載著我們童年的夢想。自從我當了『聖米歇爾號』的船長之後，我就一直想從海上去找他，然後把他從海上帶回來，讓他乘著我自己的船，這種感覺太美妙了！」凡爾納說著，禁不住手舞足蹈，臉上燦爛的笑容把奧諾麗娜都感染得熱淚盈眶。

凡爾納在波爾多待了兩天，保爾有自己的工作，還要照看家庭，當然不可能真與哥哥一起到克羅托伊來。但他們一起坐在「聖米歇爾號」上，高興地說笑著，回憶著童年時代的夢想。

回程實在太妙了，凡爾納抑制不住內心的興奮，坐在船艙裡，開始寫信給赫澤爾，讓他分享自己在大海中航行時那種興奮的感覺：

> 正值秋分時節，一陣風撲來，我差點被拋到海岸上，嘿！簡直像一場風暴；我像一名必須像個擅長緊急應變的真正海員那樣去承擔這種風險，這次航行本來只需要 24 小時，但我們至少耽擱了 60 個

小時！您要在就好了！

而此時，赫澤爾也來到了法國尼斯海岸和地中海海岸一帶。因為他這段時間身體一直不很好，他也想到藍海岸上，借助溫和的氣候來恢復一下身體，

不過在這一點上，大小兩個朱爾的看法並不一致，赫澤爾只是陶醉於碧藍的海天一色的美景，凡爾納卻熱衷於與翻騰怒吼的海浪搏鬥。

有一次，赫澤爾讓他兒子小赫澤爾來克羅托伊，為凡爾納送來一份新的合約，並為凡爾納帶來了一些地中海的特產。

凡爾納一見到小赫澤爾心中立刻無比地快樂，因為小赫澤爾長得像極了他的父親，而且他的業務能力也和他父親一樣出色。凡爾納很賞識他。

沒等小赫澤爾坐穩，凡爾納就迫不及待地問：「我的老朋友身體還好嗎？不像以前那樣虛弱了吧？上了歲數的人，吃什麼藥見效也不會很快，我時時惦記著他。」

小赫澤爾言談舉止彬彬有禮：「謝謝您的關心，他現在很好。我會向父親轉達您的好意。」

說完，小赫澤爾話頭一轉：「我這次前來，除了履行合約和代表父親看望您以外，還要告訴您一件開心的事，您的一本書稿又在《教育與娛樂》雜誌上發表了。當然這對您已經

不是新鮮事了。」

聽到老赫澤爾身體還好，凡爾納放下心來，他笑著回答：「我很高興！而我的快樂正是源於你的到來。」

小赫澤爾接著問：「父親上個月寫給您的信收到了嗎？裡面還夾著兩張父親在地中海的一艘漁船上拍的照片，那裡風光真美，那天藍得都能讓人的心透亮的！」

凡爾納回答說：「信收到了。我正想告訴你呢！我之所以沒有及時回信，是因為我一直待在我的『聖米歇爾號』上。當時我正從克羅托伊航行到卡來。那真是一次難忘的航行。當時正在大海上，突然遇到了一陣強風，小船被顛得起伏不定。」

小赫澤爾吃驚地問：「那您沒有受傷吧？您害怕嗎？」

凡爾納自豪地說：「沒關係！顛得再厲害我也不會害怕！這正是大海的魅力所在。」

小赫澤爾走後的兩個月，凡爾納帶領他的船員們又開始了新的航行。但這次，他經歷了一次前所未有的危險。

當他們航行到小港口城市迪埃普的時候，狂風大作。凡爾納為了全體人員的生命，也為了他珍愛的「聖米歇爾號」避免毀於一旦，只好命令大家將船躲進港口，等兇猛的大海恢復平靜以後，再繼續航行。

小船返回克羅托伊，凡爾納立即找了幾位老船匠，把「聖米歇爾號」好好地修整了一下，將它改裝成了一艘快船。

凡爾納將自己的「壯舉」寫信告訴了父親：

> 經過精心改裝，聖米歇爾號已經成為索姆海灣第一批快速的船了。趕上順風，它就像一片飄在空中的錦葵葉一樣。為什麼你們偏偏對此不感興趣！我每天都面對兇猛的大海，而我的「聖米歇爾號」性能始終保持良好。

凡爾納對「聖米歇爾號」的熱愛超過了一切，他對自己的小船敝帚自珍，如果有人把他的船當一艘破舊的舢板來看待，他一定會為此怒不可遏地與人理論，甚至人打出手。

赫澤爾卻深為凡爾納擔憂、緊張，他可不希望他的作者在大海中遇到什麼不測。他一直認為在大海航行是危險而無益的，他勸凡爾納放棄小船，安心在陸地上生活。

凡爾納經過深思熟慮，寫信讓赫澤爾為他放心：

> 請您不要生「聖米歇爾號」的氣。這艘小船現在性能良好，它無償地為我服務。您總是把大海的危險想得過於嚴重。最近我妻子陪我一起航行過一次，她一點也沒有害怕。
>
> 我接下來還要遠航到倫敦和瑟堡，甚至可能還會到達奧斯坦德。駕駛我的「聖米歇爾號」航行的時候，我能感受到大海上的許多樂趣！我會記錄下這些真實的感受，讓每個人都嚮往海上航行。

凡爾納認為，想更充分地領略和頌揚大海，最好的辦法

就是投入大海的懷抱，與它親密接觸。而「聖米歇爾號」無疑是這其中不可或缺的環節。他尋找一切機會在船上度過，他相當長一部分時間都待在船上。

在這許多年裡，凡爾納經常伴著雲帆，在大海中航行，並因此累積了豐富的航海知識，成為一名專職的海員。

雖然凡爾納沒有到他作品中的主角進入的那些國土上去遠遊，但他的航海本領已經非常高強了，已經能非常嫻熟地進行航海操作。除了在亞眠隱居和到巴黎短暫停留之外，他一直在船上生活，在船上進行創作。

「聖米歇爾號」雖是艘漁船，但也許正因為這個緣故，能穩當地進行海上航行，而且看來不算太小，因為 1870 年他竟能在船上安裝一門大砲，用以警戒索姆海灣！這艘船一直被凡爾納保存至 1876 年。

凡爾納後來還擁有了「聖米歇爾 2 號」和「聖米歇爾 3 號」。

如願遠航旅行去美國

凡爾納駕駛著「聖米歇爾號」四方漂流，從布列塔尼海濱到敦克爾克近海，有時進入荷蘭海域，也到過西班牙岸邊，間或駛過英吉利海峽。

有一次船到泰晤士河口時，凡爾納遠遠看到「大東方號」巨輪，這是當年的一大技術奇蹟。這艘有 5 座煙囪、6 條桅杆的龐然大物，活像一座海上城市、一個漂浮的島嶼。

1867 年 3 月初，凡爾納剛在附近的幾個港口航行完，還沒等他靠岸，保爾就趕來找他了，他對哥哥說，「大東方號」將開向美國，他們可以乘坐它一起去，只是目前他還有個難題。

保爾說：「哥，我遇到困難了。」

凡爾納一邊把纜繩繫牢，一邊問保爾：「什麼問題？」

「哦！就是我沒有足夠我們兩個人用的旅行費，那我們還能去得成嗎？」

「那算什麼困難？剛好赫澤爾前些天寄來給了我了《插圖法國地理》的稿費，正好派上用場。」

於是，他們兩個如願以償乘上了「大東方號」，「大東方號」是 19 世紀技術奇蹟，船長 200 公尺以上；總噸位 18,915 噸；時速 13 海哩；功率 11,000 馬力。

保爾有 20 年以上的航海經歷，這一次作為一個乘客，最

感到無聊。而朱爾則在船上饒有興味地觀察巨輪的航行情況和乘客們的古怪舉止，並以此為樂事。他與敷設電纜的人員交談，了解深海的細節，例如海流、潮汐、潛流等。他還親自拜訪電纜工程的著名建築者賽力斯·菲爾德本人，雙方互相傾慕。

輪船 4 月 9 日在紐約港靠岸，船返回歐洲前，可在美國逗留一週，凡爾納把這段時間計算成 192 個小時。

此時凡爾納才發現，自己被這個新世界深深地打動了。於是他們計劃參觀哈德遜上的大峽谷、伊利湖和尼加拉瀑布等。他們住在第五大道旅館，在百老匯巴西姆劇院看了一場叫《紐約街》的戲。

第二天一大早，他們先領取了郵件，拜訪了法國領事，晚上乘坐「聖約翰號」輪船由哈德孫河去紐約州首府奧爾巴尼。「聖約翰號」是一艘龐大的輪船，凡爾納被它那精緻的裝飾深深吸引了，船當時乘有 4,000 多名旅客。

到了奧爾巴尼，他們參觀了一個著名的化石博物館，隨即換乘火車去尼加拉。到瀑布去，他還得乘 20 個小時的火車。火車過摩和克大峽谷，遠遠望見地平線上的安大略湖，這裡是庫柏的故鄉。在羅徹斯特換車後，午夜到瀑布鎮，下榻瀑布旅館。

第二天早晨，兄弟兩個就動身去看尼加拉大瀑布。

　　尼加拉瀑布把美國和加拿大分開，南岸是美國，北岸是加拿大，當時屬於英國。瀑布一側警察林立，另一側卻看不到一個警察。

　　他們通過一座橋登上山羊島，從這個方向觀看瀑布壯偉全貌，然後又登上龜塔，俯看瀑布氣勢：

　　　　塔在大瀑布中間，從塔頂俯瞰，那是萬丈深淵。你能感覺到瀑布衝擊下岩石在顫抖，落水的轟鳴聲震耳欲聾。瀑布的飛沫濺到山上，陽光照射著瀰漫的水氣，形成一道絢麗的彩虹。

　　　　尼加拉瀑布是世界奇景之一；大自然把它的美景和偉力都集中在瀑布裡面了。尼加拉河轉彎處，似乎把迥然各異的佳境彙集在一起了。

　　　　小島周邊水域雪一樣潔白，浪花滾滾；瀑布中央的水碧綠如翡翠，是無底深潭；靠近加拿大邊的河水，像融化了的黃金在流淌，金光閃閃，水下，透過雲霧般的飛沫，依稀可見巨大的水怪，河水正消逝在這水怪張開的大口中。瀑布數百米外，河水復又平靜地流淌，河面上浮著在 4 月的陽光照射下尚未完全溶化的冰塊。

　　晚飯後，兄弟兩個再次登上龜塔，觀看瀑布的夕照美景：

　　　　落日的餘暉已經消失在灰濛濛的小山背後，月亮把柔和清澈的光輝灑遍四周山野，寶塔的陰影延

伸到深淵的對面。遠處河水無聲地流淌，河上泛起一層淡淡的霧靄。

加拿大一邊已夜幕四垂，與月光照耀的山羊島和尼加拉鎮，對比鮮明。我們腳下的漩渦，為閃爍不定光線所擴大，形成一個無底深潭，潭底激流咆哮不已，令人悚然。

第二天，他們來到加拿大那邊的河岸上，他們在那裡穿著雨衣在小瀑布的後面散布，這令凡爾納感到心曠神怡。尼加拉大瀑布給凡爾納留下了永生難忘的印象。

在返回「大東方號」之前，他們還遊覽了其他一些地方。原計畫進行 10 天的旅行，但卻耽擱了 14 天。4 月 16 日從紐約港返航，一路上，他們受到了旅客們的熱烈歡迎，保爾還多次應邀展示鋼琴技藝，他彈奏的《馬賽曲》頗受推崇。當分別的時候，船上的旅客們都紛紛舉杯祝福。

12 天後，「大東方號」到達了法國的布雷斯特港。兄弟兩個下船後，他們在海軍基地當指揮官的妹夫前來迎接他們。兩週後返回克羅托伊，合家團聚。

凡爾納的美國之行就這樣結束了。

創作《海底兩萬里》

從「大東方號」起航出發的時候起，凡爾納便打算寫一部游記。他在接近美洲海岸的時候寫給赫澤爾的一封信談到，「因遇到的事件和不幸發生的事故太多」，他相信「關於『大東方號』的書將比他原先所希望的更為豐富。」

他弟弟保爾承認，從未見過這麼兇猛的大海，「『大東方號』雖然體積碩大，卻像一根羽毛那樣在海面上漂蕩，船首被捲走了，這實在嚇人」。他「為剩下的日子準備了熱情」；但他似乎感到欣喜萬分，他說：「啊！大海，多麼令人讚嘆！」

凡爾納向「大東方號」敷設海底電纜的人員詳細打聽，不厭其煩地詢問各種情況，了解各種數據資料，水手們為凡爾納講述他們在海上的經歷，以及親身跨洋旅行的體驗，都為他有關海底航行的新小說提供了更多的素材。

第一次遠洋旅行，不僅滿足了凡爾納多年的夙願，而且大大地增強了他探索世界奧祕的渴望和信心。

1867 年春，凡爾納開始了新小說的初稿寫作。其他有些章節早在「聖米歇爾號」上就完成了。在旅美途中「大東方號」上，便為創作做最後的準備。

創作《海底兩萬里》的念頭，或許是由女作家喬治·桑的提議引起的。凡爾納將自己的《哈特拉斯船長歷險記》、《格

蘭特船長的兒女》兩部書給她看，她知道凡爾納想完成一系
列的冒險小說，就在給凡爾納的信中說：

> 我唯一的遺憾是，讀完這兩本書，沒有另外
> 10 本書供我閱讀。希望你不久將把我們帶到海洋
> 深處，你應當讓你的人物乘坐一艘潛水船在海底旅
> 行。你的想像力和知識一定能把潛艇設計得很完美。

潛水艇的發展歷史漫長久遠，又曲折複雜。據記載，在
西元前 200 年，馬其頓國王亞歷山大就有過製造潛水船隻的
構想。古代的潛水船隻是構想、紙面上設計或簡單物件拼湊。

真正設計、製造潛水船隻是工業革命以後的事情。1660
年，第一艘潛水船恰恰在英國誕生。此船供王公貴族、達官
顯貴潛水取樂，並無實際意義。

1776 年，美國人大衛‧布希內爾為了進行戰爭，即美國
獨立戰爭而製造出世界上第一艘金屬潛艇。此後，近 60 年間
直至 1869 年《海底兩萬里》問世為止，據統計至少有 25 艘
以上潛艇製造出來或實驗成功。

1863 年，法國海軍上校西蒙‧布爾諾設計由海軍部投
資、著名技師夏爾‧布倫承建的「潛水鳥號」潛水艇下水。這
是第一艘用新技術、新材料建造的潛艇，船體巨大，重 410
噸，船長 42 公尺，寬 6 公尺，高 3 公尺，80 馬力空氣壓縮
機為動力，12 名水手操縱。

1865 年，在羅什弗爾實驗的首航過程中，指揮塔玻璃窗下陷，海水注入艙裡，改裝後秋天再度下水，但浮力為零。潛航時，起伏不定，顛簸不止。後加一個立式螺旋槳，仍不能保持相對深度。1866 年停止實驗。

1867 年，潛艇曾在巴黎博覽會展出，凡爾納在展覽會上仔細觀察了潛艇，研究了潛艇結構和關鍵部件，這給他以直觀印象和靈感，使他的「鸚鵡螺號」的設計和製造更為完善。

凡爾納曾經詳細地跟保爾探討過這艘幻想的船隻的特點。他的「鸚鵡螺號」比已經發明出來的潛艇要完善得多，但這終究不是他的主題：這只不過是實現他的海底探索的手段，而對他的主角尼摩來說，也不過是要成為征服大海的天才的手段。他將這只鋼鐵紡錘描寫得無比引人入勝，以致將讀者的注意力完全吸引住，使讀者對它比對旅行和尼摩更為關心。

1867 年初夏，「聖米歇爾號」遊艇在索姆河口附近的法國近海海岸上，時而北上，時而南下，四處漂蕩，但船甲板上始終不見凡爾納船長的身影。此時他正在躬身坐在狹小如囚室的船長室裡伏案寫作，草稿逐日增高。

儘管凡爾納付出了「像苦役犯一般的勞動」，但他在 8 月底並未能將《海底兩萬里》的手稿提交給赫澤爾。雖然 7 月底便寫完了，但他必須重寫，而主要的困難是要將不真實的事情變得真實。

同時，凡爾納請他的插圖作者里奧先生根據「潛水鳥號」的模型畫出了他小說中「鸚鵡螺號」的草圖。

《海底兩萬里》採取開門見山的手法，首先向讀者介紹了一個意想不到的事實：

> 1866 年所發生的神祕離奇的怪事，無疑許多人迄今記憶猶新。這種怪事，特別在航海人員中間引起了強烈不安……事情是這樣的，最近以來許多海員在海上遇見一個龐然大物，像一個長紗錠，在黑暗中發出磷光，其體積比鯨魚大好多，其行動速度使人驚愕不已。

凡爾納在構思小說的時候，僅僅出於嚮往大海，眷戀大海，一直想寫一部新的魯賓遜漂流記，塑造一個新時期的魯賓遜式的人物，然而在創作過程中，在他塑造尼摩這個人物的同時，反過來也受到了尼摩高大形象的影響，為尼摩的命運日夜懸心，受到他崇高理想的鼓舞，被他高尚的情操所感動。隨著作家與尼摩相處日深，兩年間亦步亦趨，形影不離，使作家大大突破了原來構思的狹小天地。

既然尼摩的高大形像一直在他的腦際徘徊，他怎麼可能只滿足於塑造一個魯賓遜式的人物呢？他熱情地愛著大海：

> 海是包羅萬象的。海的氣息純淨而衛生；海之為物是超越的、神妙的生存之乘輿；海是動，海是愛。

但他接著又說：

> 海不屬於壓迫者。在海面上，他們還可以使用
> 他們的暴力，在那裡互相攻打，在那裡互相吞噬，
> 把陸地上的各種恐怖手段都搬到那裡。
>
> 但在海平面 9.06 公尺以下，他們的權力便達不
> 到了，只是在海中才有獨立！在海中我不承認有什
> 麼主子！在海中我是完全自由的！

凡爾納對水下的生活，海底叢林和海床的珊瑚王國作了
令人難忘的描寫。同時他也寫到，在大西洋裡，尼摩船長他
們親眼目睹了亞特蘭提斯島的沉沒。

當尼摩船長在印度洋珊瑚島礁中從鯊魚口中救出採珠人
之後，說到他在海底收集沉船的財寶：

> 我知道陸地存在著無邊的苦難，存在著被壓迫
> 的民族，有災禍不幸需要資助，有流血犧牲要求復
> 仇。難道您還不明白嗎？

尼摩船長把它弄沉之後，他在船艙裡，跪倒在那幅帶著
兩個小孩子的年輕婦女的肖像前。阿隆諾教授和其他人逃出
潛水艇時，他聽到尼摩船長的最後感嘆：「全能的上帝啊！
夠了！夠了！」

而在小說中，當尼摩船長發現他用船首撞角撞翻的那艘
戰艦沉沒的時候，他是在反對壓迫者，而且顯示出他是一個
「可怕的裁判執行人，是真正的仇恨天神」。

　　當赫澤爾發現尼摩這個人物和他那深仇大恨時，他曾大吃一驚。凡爾納想盡可能磨掉尼摩船長的一些稜角，試圖平息他這位敏感的朋友的激動。在從克羅托伊發出的一封信中，他答應抹掉「結尾部分尼摩對阿龍納斯厭惡，取消尼摩在注視著那艘戰艦沉沒時所表現的那種仇恨態度，甚至不讓他去觀看這次沉沒」。

　　這樣反覆修改後，尼摩已變成一個永恆人物，因為他不僅是一個人的形象，而更重要的是代表人類；他的冒險活動正是人類為尋求重要的帶普遍性問題的答案而進行的冒險，而絕非一個人為尋求解決微不足道的個人問題而進行的冒險。

　　他說：「直到生命的最後一息，我始終站在受壓迫人民的一邊；每一個受壓迫者，過去、現在和將來都是我的親兄弟！」

　　小說的結尾，尼摩船長和他的潛水艇一起消失在羅弗敦群島中的一個小島上。阿隆諾教授等人都活了下來，而他們不知道尼摩船長是否也還活著。

　　本來定稿在 5 月分業已完成，因為與出版商意見不一致，他們之間只好反覆討論、爭論，又多次改動，一直到 8 月末才最後定稿。1868 年金秋季節，一個秋高氣爽的日子，凡爾納船長駕駛「聖米歇爾號」遊艇，溯塞納河而上，抵達

巴黎市中心藝術橋邊碼頭登岸，受到數千名巴黎市民包括一些名流的熱烈歡迎。

在這之後，尼摩船長一直是個謎，人們等待著凡爾納把結果告訴大家。可是一部作品的偉大之處就在於它的不確定性的結果。那可以讓讀者發揮自由想像的空間。凡爾納希望在每一個讀者心裡都有一個尼摩船長。所以，他並不急於揭曉答案。

直到 1875 年，凡爾納為了滿足讀者和自己對續集的強烈渴望，才在續集《神祕島》一書中這樣寫道：「多年以來，他一直和外界隔絕。後來，他的同伴相繼去世，他自己也漸漸老了。最後當只剩下他一個人時，他把『鸚鵡螺號』開進了一個岩洞。這時他已經 60 歲，無依無靠，不想再航海，只想靜靜地度過自己的餘生。可是遇到了一群年輕的『殖民者』，他幫助了他們許多，只留給了他們一箱東西，最後隨『鸚鵡螺號』一起沉入海底。」

人們這才找到了答案。

十年輝煌

戰火淬鍊

凡爾納感覺自己的心在流血。他從未感到對法蘭西
如此熱愛……

—— 凡爾納

經歷戰爭和國內革命

拿破崙三世自從 1851 年 12 月 2 日發動政變執政近 20年以來，已經到了窮途末路。由於他昏庸無能、倒行逆施，人民的憤怒情緒到了一觸即發的地步。

傑出的工程師斐迪南·德·雷塞布於 1859 年至 1869 年10 年間因完成橫斷亞非大陸、溝通亞非歐三大洲水上交通的偉大工程蘇伊士運河，受到世人稱讚，並獲得法蘭西帝國的勛章和勛位。

斐迪南·雷塞布受獎之後，旋即由他提出，批評家讓·雅克·韋斯和出版家皮耶爾·赫澤爾贊助，內政部長埃米爾·奧科維耶接受，呈國王批准，授予朱爾·凡爾納法蘭西帝國大十字勛章和勛位。

雷塞布一番好意。但是，凡爾納與拿破崙第三勢不兩立，怎能接受雙手沾滿共和派革命者鮮血的暴君的獎賞呢？此時，凡爾納處於兩難境地。接受還是拒絕？由於時局的突變，使他處於無可選擇的地步。

拿破崙三世為了拯救他那搖搖欲墜的寶座，鞏固在國內的統治，竟貿然於 1870 年 7 月 19 日對普魯士宣戰，妄圖稱霸歐洲。

宣戰當天，皇上的軍機謀士們誆騙皇上，說各路軍隊待命進攻普魯士，把戰爭引向境外。但接踵而來的，不是催軍

餉，就是催彈藥，再就是武器不足和兵源不滿。

甚至有的軍團司令到職後找不到部隊；大砲與砲彈不對口徑；有的部隊沒有流動食品車等，到處一片混亂。

戰爭在激烈進行，法軍節節敗退。宣戰後不足 50 天，9月 2 日，拿破崙三世和他的嫡系麥克馬洪元帥軍團即在法國東北部色當向普魯士軍隊俯首投降。

1870 年夏，凡爾納告訴赫澤爾，他準備乘「聖米歇爾號」去一趟巴黎。7 月 19 日戰爭爆發時，凡爾納正在巴黎。

8 月分，普魯士軍隊如入無人之境，長驅直入法蘭西腹地，法軍在博里、雷諾維爾和聖普瓦裡連遭敗績。

8 月 13 日，凡爾納回到克羅托伊，已經 42 歲的凡爾納也被徵ㄅ為後備役軍官，奉命保衛索姆灣以抵禦普魯士人入侵。他的裝備和人員是他的「聖米歇爾號」遊船、12 名參加過克里米亞戰爭的老兵、3 支火槍和一門老掉牙的大砲。其間，他寫信給赫澤爾說：

> 不管發生什麼事，沒有什麼能將我們分開。但這種可怕的局面實在太緊張，絕不能再持續下去了。要是巴黎能頂得住，普魯士人也將不得不接受和平，因為冬季對他們的確不利。再說，倘若他們不至少奪取一個炮臺，他們是無法轟擊巴黎的，而這些炮臺一直被認為無法攻破。不！除非有內奸策應，否則他們必定難以攻占巴黎。

外省都希望實行自衛。但武器,他們需要武器。這裡,一件也沒有。在南特,一個400人的連隊僅有15支擊發步槍。國民自衛軍在各處組織起來了,但我再重複一遍,各處都缺乏武器。

凡爾納指揮官在海岸巡邏,總是小心翼翼的,不敢跨越雷池一步,不敢接近比利時近海。萬一比利時參戰,他們就可能被俘。同時,在9月分,凡爾納看到法軍連連敗退,普魯士人一路燒殺,如入無人之境,就趕緊把奧諾麗娜和孩子們都送到亞眠,與外親同住。家屬在大城市裡,危險程度小些。他寫信給父親說:「普魯士人養成焚燒、劫掠村鎮的惡習,最好不要讓女人待在那些地方。」

9月19日普軍完成對巴黎的包圍,盧瓦爾軍團撤退南方。10月27日巴贊元帥在梅斯投降。1871年1月28日法國投降,普法簽署停戰協定。

在戰爭這4個月間,有近10萬巴黎人被活活餓死,其中包括凡爾納的表兄,那位天才的數學家亨利·加塞。在最困難的時候,人們殺死動物園的野獸分食,甚至不少家人去抓老鼠充飢。

在巴黎被圍困的4個多月期間,共有66個氣球飛出城,其中58個氣球帶著鴿子和狗,它們再將覆信帶回。這個行動的組織者是凡爾納的好友納達,他兩個進出巴黎,並與普魯士人的氣球在空中遭遇,雙方發生激戰,用卡賓槍對射。或

許這是世界戰爭史上的第一次空戰。飛離巴黎的氣球中，有一個飛行 14 小時 40 分，行程 3,133 英里。

喪權辱國，山河破碎，凡爾納感覺自己的心在流血。他從未感到對法蘭西如此熱愛，他極端珍視國家的榮譽，他愛那陽光燦爛南方海濱，愛那北方山巒疊嶂的多霧邊陲，他愛國家的山川草木，熱愛國家的每一寸土地。他愛生他養他的故鄉南特和具有異國情調的維多島；他愛法蘭西的心臟巴黎，他在此度過青春年華，在這裡嘗盡人間五味，在這裡獲得世界榮譽；他愛香檳平原、丘陵起伏索姆河口和古老幽深的亞眠城。今天，普魯士軍隊士兵的皮靴踏在法蘭西 —— 母親的胸膛！

凡爾納趕到被普魯士人占領的亞眠去看望奧諾麗娜。他跟普魯士人相處了 3 天，他寫信給父親說：

> 我們家住了 4 個普魯士人，他們都覺得這個家不錯，我自己是這樣認為的！他們在自己家裡肯定不會這樣吃，我們給他們煮了許多米飯，儘管讓他們吃得飽飽的，這樣倒沒那麼礙手礙腳。他們是第六十五戰列旅的兵士。此外，對烹調十分在行的奧諾麗娜將一切都安排得妥妥帖帖。
>
> 我已經返回克羅托伊，這是我無法長期遠離的合法家室。巴黎是一座英雄的城市，但在出現物資匱乏之前能否取勝？我們對巴黎和盧瓦爾軍團的事不大了解，盧瓦爾軍團肯定已經撤退很遠。

　　1871 年 2 月 17 日，保皇派奧爾良黨首梯也爾出任政府總理，2 月 28 日議和，法國割地、賠款，引起全法各階層的強烈不滿。1871 年 3 月 18 日，代表社會主義的巴黎公社成立，與凡爾納素有交往的格魯塞擔任公社委員，作為對外關係的代表，領導公社的外事工作。

　　正當全體公社人員和市民慶祝公社誕生時，梯也爾軍隊在叛徒指引下，透過德意志軍隊陣地奇襲蒙馬特爾高地，奪取 417 門大砲，並逮捕國民自衛軍委員會成員，從而引發了內戰。

　　公社戰士堅持作戰 18 天，最後，梯也爾受到各國政府和資產階級、特別是德軍的支持，取得勝利，公社失敗了。從 1871 年 4 月 4 日停止戰鬥後，「流血的一週」開始了。

　　梯也爾與他的反動軍官、兵痞和警棍，在德國人面前，不堪一擊，不是舉手投降便是抱頭鼠竄，可是在本國平民百姓面前，變成了舞刀弄槍的「英雄」。

　　巴黎上空硝煙瀰漫，市政大廳被炮火炸成殘垣斷壁，幾乎夷為平地，沒有窗櫺的空窗口，像一個沒眼球的瞎眼，呆視著前方，周圍房屋牆壁彈痕纍纍，馬路上血跡斑斑連成一片，戰死者和處死者的屍體僕伏大地，或以無神的眼睛，仰望蒼穹。他們是面向大地訴說心中的遺恨吧？還是仰望蒼天、期盼一個美好的明天？

　　槍炮轟鳴之後，顯得死一樣寂靜，攪動過後的空氣似乎凝結了，使人感到壓抑得窒息。夜風吹燃了即將燼盡的火苗，跳躍不定的火舌照出了從兵營門檻下流出來的血泊。

　　公開殺人的「流血的一週」終於結束了，但死神仍到處逞兇肆虐，不過披上了一層合法的外衣。

　　所有發生的一切使凡爾納感到觸目驚心，在他給父親的信中說：

> 看著生命怎樣在廢墟中再次恢復活力，真是不可思議，令人難忘。您看到了畫家多米埃在《喧譁》週刊上的那幅使人毛骨悚然的插圖嗎？死神打扮成牧羊人，在塞納河畔草地上的鮮花叢中，吹著牧神的洞簫，每一朵鮮花都是一個骷髏。

　　凡爾納的好朋友，巴黎公社的重要成員萊克呂作戰被俘，後來，萊克呂被法院判處終身監禁。他雖身陷囹圄，仍孜孜不倦撰寫他的《世界地理》的續卷。格魯塞因為是公社領導，被判極刑，所幸他後來成功逃脫了。

　　1871 年 5 月 21 日，凡爾賽軍重返巴黎，當天互換和平條約批准書。首都的生活在緩慢而又艱難地恢復道路上。

　　6 月分，凡爾納跟弟弟第一次返回巴黎，並向赫澤爾回報說，他們「參觀了這些令人傷感的廢墟……您居住的那條雅各布街得以倖免於難。我看，這條街只受到一點輕傷。但

鄰近的利爾街，實在毀損不堪，慘不忍睹」！

凡爾納看到，巴黎已經瘡痍滿目，好友們很多不是遠離巴黎，就是離開了人間，他的心情特別沉重。什麼也做不成，連作家也不想當了。

1871 年 11 月 3 日，凡爾納的父親皮耶爾老先生突然中風。凡爾納聞訊後，立即起程返回南特老家。回想 1847 年第一次來到巴黎，整整 25 年過去了，他從一個 19 歲青年到如今的不惑之年，國家已幾次改朝換代，經歷兩個共和國一個帝國。

歲月荏苒，人世滄桑。他當年乘坐的郵車和小火車，早已被歷史淘汰，如今火車一直通向尚特內。

皮耶爾中風發病幾小時，就永遠閉上了雙眼，帶著眾多遺憾、牽掛和滿足，在妻子兒女面前撒手西去了。這位飽經世事的老先生至死都不失尊嚴，他就像一位走過漫長的人生道路、完成人生的重任後離去的使者那樣，肅穆、莊嚴。

使老人滿足的是，幾十年律師生涯一直秉公守法，從未徇私枉法；他把子女培養成人，最使他不放心的長子終於成為名人。遺憾的是他臨終前未與他謀面，還對長子的信仰表示懷疑。如今，老先生帶著這一切永遠地離開了人世。

在尚特內，那幢寬敞舒適的別墅顯得那麼忙亂，失去了昔日井井有條的寧靜。看來，支撐偌大家庭秩序的頂梁柱倒

了，這裡的一切再也不能恢復昔日舊有的面貌。母親索菲面帶哀容，目光滯呆，已經亂了方寸。許多認識和不認識的人，穿梭進出，來去匆匆。這個家無法再繼續下去了，母親決定遷回南特盧梭街那座老宅。

這些年來，南特已成為巨大的商埠，更為繁華喧鬧，維多島也舊貌換新顏，已經很難找到童年的回憶。只有尚特內還能使他與故鄉保持唯一的聯繫，但尚特內別墅將易新主。別了，故鄉，別了童年和童年的夢想！

凡爾納想到自身的處境，自然又想到萊克呂他們的命運。他得悉格魯塞由死刑改判終身流放，米歇爾木被立即處死，他們被流放到法屬圭亞那，即法國的海外省。那裡的惡劣環境，必然斃命無疑。

凡爾納在這短短的一年多時間內經歷了這麼多的事件，漸漸地對於他堅信科學能拯救人類的理想也喪失了信心，而他又缺乏迎接明天挑戰的勇氣。

巴黎，凡爾納的第二故鄉！他在這裡苦鬥了整整 25 個寒暑。這裡有他的粉頸和紅顏、孤獨和寂寞，也有他的恐懼、徬徨和失意，還有成功和榮譽、鮮花和笑臉。

巴黎，這燈塔城，這個古老又年輕的城市，它寧靜祥和又紛爭喧鬧，它婀娜綽約又猙獰恐怖，它華貴壯美又血腥殘酷，它永遠保持著這種經久不衰的多彩生活。

如今，這一切都過去了。

凡爾納處理完畢巴黎的事務，準備去亞眠定居，已是隆冬季節，歲月已悄悄跨進 1872 年。當他步入車站廣場時，科克旅行社巨大廣告牌首先映入眼簾，鮮豔奪目的廣告與陰冷蕭索的街景，是那麼不協調。

凡爾納在車廂落座後，想起 15 年前初去亞眠的情景，恍如昨天。如今，再操筆寫作，已缺乏應有的銳氣了，他寫什麼呢？

列車啟動了，凡爾納回眸眺望，萬家炊煙漸漸地遮住了城市輪廓，接著最後的燈火也慢慢地消失在陰冷冬夜的暗灰色的夜幕之中了。

在亞眠過起隱士生活

亞眠是一座偏僻而寧靜的小城。

當凡爾納登上科學幻想小說的高峰、享譽全球的時候，他卻毅然地告別他奮鬥了 25 年的巴黎，悄然地隱居在亞眠。

1874 年，凡爾納定居亞眠後不久，便購置了一幢住宅，它坐落在朗格維爾街 44 號。這是一幢三層樓房，附有一個圓柱形塔樓。院子四周是高高的堅固圍牆，寬敞的庭院，有一條長廊，廊壁上鑲著大玻璃，直通客廳。

樓後是一個小花園，幾棵高大的老榆樹沿圍牆依次排

列，還有修剪整齊的樹叢和幾個花圃。每逢春夏季節，園內百花爭豔，蜂飛蝶舞。

住宅靠著朗格瓦爾大街的一側有 3 排 5 扇窗戶，在邊上還有 3 扇，最後 3 扇則是在夏爾-杜波瓦路上，位於這條街的入口處停放著馬車。面朝朗格瓦爾大街的窗戶俯臨著如畫般朦朧，有著古老教堂和其他中世紀建築的亞眠城景緻。

就在房屋的正前方，大街的另一端，一條鐵路線正對著凡爾納的書房窗戶，延伸並消失。在遠處一個有著大型露天音樂廣場的遊樂場地。晴好的天氣裡，團樂隊便會在那裡演奏。

如此的組合，使人不由得想起了這位大文豪作品中一個鮮明的特色：疾馳的煤車，間雜著極富現代感的轟鳴聲呼嘯而過；而一旁則是浪漫的音樂奏鳴。這正是將產業科學與生活中最富浪漫主義的插曲完美結合的凡爾納的小說所獨具的風格！

1882 年，他又遷到距朗格維爾街 44 號約 200 公尺的夏爾杜布瓦街一幢更寬大豪華的獨立住宅。凡爾納的後期作品大部分在此完成，許多來訪者都在此處拜會他。

一面高牆沿路而立，將路人與凡爾納家的庭院和花園隔開。當有人搖響那狹小入口一側的鈴後，大門伴隨著洪亮的鈴聲被開啟，此時你會發現自己置身於鋪有石板的中庭裡。

　　向左邊，可以看見一個栽種著長勢優良的樹木的宜人花園；訪客沿著足有正門寬的臺階而上，穿過一個種滿鮮花和棕櫚的、實際上作為前廳的溫室，進入會客廳。

　　一樓客廳布置得頗有氣派，室內陳設當年流行的豪華風格的沉重家具，這裡的主人是奧諾麗娜。擺放有大理石雕像和青銅器，懸掛著暖色調的帷幔，另有幾張極為舒適的軟墊椅──它的主人想必生活富裕閒適，只是沒有任何的個性體現在其中。另外，看上去它很少被使用，而事實正是如此。凡爾納先生和夫人都是十分簡樸的人。

　　這間屋子他們絕不張揚，只求順手順心。除了在舉辦晚宴或是家庭聚會時，毗鄰的大餐廳也極少被光顧。凡爾納和奧諾麗娜只是在廚房邊上的一間小小的餐室享用他們簡單的飯菜。

　　訪客從庭院中，一定會注意到位於房屋角落的一座高塔。塔中的螺旋階梯通往上面的樓層，它的最頂端是凡爾納先生的私人空間。一段鋪有金色鑲邊地毯的過道，如旋梯般引導你與地圖和航海圖擦身而過，來到邊上的擺放著有素色床架的小房間。裡面一張上面整齊碼放著稿紙的小桌子倚著一扇凸窗而立。

　　二樓大廳是凡爾納的圖書室，藏有數千冊供他寫作和研究用的書籍，以及他的作品的各種語言譯本。他的筆記和卡片資料，有 25,000 份以上，按照主題有序地排列在依牆而立

的分類書架上，以便隨手可取。

小壁爐的臺架上立著兩尊雕像，一位是莫里哀，另一位是莎士比亞。雕像上方掛著一幅描繪那不勒斯海灣汽艇的水彩畫。凡爾納正是在這間屋子裡進行創作的。

隔壁的大房間裡面，幾列被塞得滿滿的書架在天花板與地毯之間矗立著。四周牆壁懸掛大科學家畫像，還有古希臘詩人荷馬和羅馬詩人維吉爾以及蒙田、莎士比亞、司各脫、庫柏、愛倫·坡、狄更斯的作品。

圖書室後面是凡爾納的臥室兼工作室，有人說「好像是個單人牢房」。對著大教堂的窗前放著一張樸素的大方桌，一把靠背椅，順牆放著一張單人鐵床。牆上是莫里哀和莎士比亞的畫像，還有一張「聖米歇爾號」遊艇的水彩畫，此外別無長物。圖書室以外便是奧諾麗娜的「領地」了。

無論在朗格維爾街還是夏爾杜布瓦街住宅，凡爾納依舊保持著簡單又樸素的生活，工作環境也極為簡陋。他在亞眠的生活，除工作和休息之外，很少有其他的生活情趣。無論春夏秋冬，清晨 5 時起床，吃一點早點，便開始寫作。早 9 時，吃早餐，到中午這段時間，一般用來整理草稿，處理書信往來和接待客人。

每天，當航海大鐘敲響，預報午時的到來，凡爾納就會拿起禮帽，外出散步，拐過十字路口，步入巴黎路，那裡有

一座中世紀修建的巴黎門；而後進入雨果街，前面是 14 世紀哥德式建築即宏偉壯麗的亞眠教堂。

翹首遠望，索姆河猶如一條銀色的寬頻在陽光下跳躍泛光。在亞眠城下不遠處，索姆河與阿維河、塞納河匯合，形成了有無數條支流的河網地帶，很像凡爾納童年時代南特城下盧瓦河岸。

這個只有 80,000 人口的偏遠小城，貿易和天鵝絨工業發達，像其他法國城市一樣，教會和社交也很活躍。城裡有兩個協會，一個是亞眠學會，凡爾納是會員，還有工業協會，是工業家的組織。工業協會有一個不錯的圖書館。

凡爾納是這裡的固定讀者，享有專座，那是一把大轉椅，夏天靠窗邊，冬季貼近壁爐。當時針指向 12 時 30 分，凡爾納打開記事本，邊閱讀邊做記錄；先閱報而後查閱雜誌和學會報告。下午最遲不超過 17 時，便打道回府。

凡爾納每週兩次參加亞眠學會會議。學會創辦於 1750 年，是庇卡底省最古老的學會之一。他偶爾也陪同奧諾麗娜去亞眠最有名的飯店，喝喝咖啡，或者看戲。但這是極難得的例外。凡爾納婚後養成早睡早起的習慣，17 時用晚餐，20 時或 20 時 30 分便就寢了。

每逢有客人來訪，奧諾麗娜總會幾番上樓催促他：「朱爾，發發慈悲，快下樓吧！從遠方來的客人，正在樓下等你！」

凡爾納多半回答說：「我去有什麼用。沒有我在，你們談得更自由一些。」這意味著，他正進入了創作狀態。

但有一次，義大利作家阿密齊茲專程從羅馬來到亞眠拜訪凡爾納，他後來撰文回憶這次難忘的會見：

> 在一條潔淨、僻靜的街道的一幢院落門前，敲開大門後，通過一條玻璃長廊一直來到一間寬敞明亮的客廳。凡爾納先生迎上前來，表示歡迎。
>
> 看上去，他倒像一位退役將軍或省長，更像一位數學家，而怎麼看也不像作家。如果不認識他又不在家裡會面，肯定認不出來。他那嚴肅而專注的目光很像義大利作家威爾地。
>
> 凡爾納的神情和語言充滿藝術家的特有藝術魅力。他平易近人，誠懇坦直。整體來說，他給你留下一個思想深邃、質樸純情的印象。他的穿著、談吐和舉止，表明他是一位謙和寬厚、性格內向的人。
>
> 當我傾聽他談論自己的作品的一席話時，使我確實驚詫不已，他對自己了解得那麼透徹，作出那樣理智和公允的評價，好像是在評論別人的作品。

當阿密齊茲問凡爾納：「這種刻板、禁欲主義的生活方式，對一個人、尤其對您這樣一個享有世界榮譽的大作家來說，您不覺得無法忍受的枯燥、單調和乏味嗎？」

凡爾納卻並未覺得有什麼不好，反而認為這種生活是他

的最理想的生活條件，因為創作就是他的生命，他回答說：
「我需要工作，工作就是我的生命的全部意義。當我不能工
作的時候，就形同行屍走肉，也就失去了生存的價值。」

　　還有一次，英國記者瑪麗·白樂克來到亞眠，專門採訪
了凡爾納。

　　瑪麗一按門鈴，在纏繞覆蓋著常春藤的牆上，有扇小門
打開了。開門的是一個上了年紀、外貌和善的保姆，她領著
瑪麗沿著一條小道進了屋。小道兩旁是一些古老建築物，旁
邊有個小鐘樓，與常在法國農村的房子旁所見到的一樣。

　　瑪麗趁機迅速地瞟了一眼凡爾納的花園和點綴著圓形花
壇的草地。雖然時值秋季，但到處都顯得乾淨整潔，在凡爾
納每天散步的那條石子小道上，沒有一片枯葉。一個用黃石
砌成的石階通往前廳，兩旁種植著棕櫚和花草。

　　瑪麗在會客廳裡邊稍等片刻，主人夫婦就來了。

　　第一眼看去，凡爾納的外貌並不是人們想像中的大作家
那樣。更確切地說，他像一個有教養的鄉村紳士，尤其是他
身著一身黑色衣衫，同教書人的穿著習慣一模一樣。他的衣
服扣眼上別著一枚紅色榮譽勳章。

　　凡爾納非常謙虛，看來他不打算談他的著作和他自己的
情況。多虧有奧諾麗娜在場，否則對於凡爾納的文學生涯和
工作方法，瑪麗就更不得而知了。

　　凡爾納最後終於決定回答瑪麗的問題，他說：「我記不得我什麼時候希望成為一個作家的，可您不久就會明白，我的創作生涯並不是一帆風順的。您知道，因為出生在南特，所以我的籍貫是布列塔尼。但是我父親所受的教育和養成的愛好都是巴黎式的，他熱愛文學，是他那個時代的一位詩人。出於謙遜，他不願發表自己的詩歌。因此我的文學生涯，大概是以作詩開始的。」

　　接著，凡爾納又開玩笑地微笑著說：「與許多我的同輩人一樣，我寫的詩是五幕悲劇式的。」

　　「我向來對戲劇和一切有關戲劇藝術的東西都感興趣。我的好幾本小說都被搬上了舞臺，它們的演出，特別是《米歇爾‧斯特洛果夫》獲得了成功，我感到這是我的創作生涯中最大的快樂之一。」

　　「由於找不到更適當的詞語，大家便把我的作品叫做科幻小說。有人常常問我，是什麼原因促使我去寫它們的呢？我一向喜歡地理，如同那些專門從事歷史研究的人一樣。顯然是我對地理知識和對地球的重要探索的興趣，促使我寫了一系列有關地理的傳奇故事。」

　　「當我創作我的處女作《氣球上的五個星期》時，我選擇非洲作背景，原因很簡單，因為它是最閉塞的一塊大陸，並且我覺得，能夠對它進行探索的最巧妙的辦法就是乘氣球。

我寫這本小說時滿懷熱情,盡可能廣泛收集資料,力求使內容達到真實、準確,以後我寫其他書時也是如此。」

瑪麗深感興趣地問:「直至成名以前,您度過了一段憂慮的時間嗎?你的小說很快就在法國和外國受到歡迎嗎?」

「是的。」凡爾納謙遜地回答,「《氣球上的五個星期》是我的最受人喜愛的小說之一。當這本小說問世時,我已經是35歲的人了。那時我結婚已經8年。」他一邊加上這後一句,一邊做著殷勤的姿態,轉臉向著奧諾麗娜。

瑪麗接著問:「您對地理的愛好,沒有過分分散您研究其他科學的精力吧?」

「我從來也沒有把自己視為科學家,但是,能在有卓越發明創造的年代降生於世,我感到十分榮幸。」

「您也許知道」,奧諾麗娜這時自豪地插話說,「我丈夫的許多曾被別人看做是不可能實現的科學幻想,如今都已變成了現實。」

「別這麼講,」凡爾納大聲說,「那是偶然巧合罷了,可能是由於我在虛構科學幻想故事的時候,努力做到盡可能樸實、逼真的緣故。至於我為什麼描寫得如此準確,那是因為我在開始寫小說以前很久,就養成了從書報上、從各種科學雜誌上大量摘錄資料的習慣,並根據內容進行了分類,便成了我的百寶庫。」

「對我來說，它有著不可估量的價值。從那以後，我訂閱了 20 來種報紙，我是一個對科學刊物十分勤奮的讀者，自然，我對各個科學領域，如天文學、生理學、氣象學、物理學、化學上的發明創造，都無所不曉。」

瑪麗提出一個廣大讀者都一直充滿疑惑的問題：「是廣泛的閱讀使您產生了撰寫小說的靈感呢？還是您獨自想出來的呢？」

凡爾納想了想說：「我無法把使我構思一部小說的原因告訴您。有時是那件事情，一部小說在有機會成文之前，我往往要構思好幾年，我當然可以回憶起我的好幾本書的構思情形。」

瑪麗又接著問：「先生，我覺得您與許多法國作家不同，專門在英國或其他國家中選擇您的主角。」

凡爾納謙虛地說：「的確如此。當書的內容涉及科幻奇遇，我便把英國人看做最理想的主角，我敬佩英國民族的品德，因為她把國旗插到了世界如此廣闊的土地上。」

瑪麗大著膽子對他說：「您的故事與您的同行們寫的有很大差異，即美女在您的作品中占著微不足道的位置。」

奧諾麗娜向瑪麗示意，表明她也有同感。

凡爾納笑著說：「我完全否認這一點，請您數一數我的小說中所有風雅的少女吧！當需要女性進入角色的時候，總是寫上了。」

然後他又微笑著說：「愛情是一種使人神魂顛倒的感情，它在人的心裡，不與其他感情共存。我的主角都需要發揮他們的全部才幹和力量，而且在他們身邊要有一位年輕迷人的女人，常常妨礙他們實現自己的宏偉計畫。此外，我一直堅持把我的小說毫不猶豫地送到年輕人手裡，我力求避免描寫那些不宜讓青年小夥子與他們的妹妹一起閱讀的場面。」

「只要您告訴我您所讀的書，我就能判斷您是什麼樣的人。」凡爾納的一生便是對這個古老格言的雄辯的說明。他藏書絕不是為了裝點門面，而是為了需要，其中有幾部是他經常使用的書，如荷馬、維吉爾、蒙泰涅、莎士比亞的著作，都已成為他精神上的朋友，他把它們看得比自己的生命還要珍貴。

庫柏、狄更斯和瓦爾特·司各特的著作也是他經常查閱的書籍。此外，許多英國新小說在他的書房裡也占有重要位置。

凡爾納興奮地說：「這些書向您表明，我對大不列顛有著真誠的愛。我生平酷愛瓦爾特·司各特的著作，在大不列顛群島上的旅行我永遠也不會忘懷，而我最快樂的時刻是在蘇格蘭度過的。我彷彿又見到了風景如畫的美麗城市愛丁堡，見到了海格蘭茲 —— 索納群島和荒涼的赫布里底群島。對於一個瓦爾特·司各特作品的忠實讀者，只有在蘇格蘭這塊地方，才能領略到這位名作家作品的意境。」

「倫敦給您留下什麼印象呢？」

「好印象，我把自己看做塔米斯河的崇拜者。我認為大河是這個不平凡的城市獨有的特色。」

「我想問問您對我們英國兒童讀物和探險小說的看法。您知道，英國在這一文學領域一直處於領先地位。」

「是的，的確如此，尤其是因為出了老少都喜愛的《魯賓遜漂流記》這部經典作品。但是我要告訴您，我更喜歡瑞士的魯賓遜，這也許會使您不高興。人們完全忘記了魯賓遜和他的僕人星期五這段故事是取材於另一部十卷著作。我認為這部著作的偉大功績在於它是第一部探險小說。我們大家都創作過各式各樣的『魯賓遜』，但是，問題在於要弄清楚，這些『魯賓遜』是否在他們的範本沒有問世的情況下就問世了。」

瑪麗繼續追問：「您對於我們英國的其他探險小說家的評價如何？」

「遺憾，我只有在這些著作被譯成法文後才能閱讀。我向來對庫柏的作品百讀不厭，其中某些小說值得流傳後代。我不懂英文，因此對於麥伊納·雷德或羅伯特·路易·史蒂文生的作品，並不像我所希望的那麼熟悉。我津津有味地讀過他的《寶島》，我有一本很好的法譯本。每當讀起它，就好像我自己也具有清新的文筆和豐富的想像力。

「我還未告訴您,在英國作家中,我視為鼻祖的是故事之王查理・狄更斯。我認為《塊肉餘生錄》、《家蟋蟀》的作者具有多種寫作才能:文筆詼諧、構思巧妙、描寫生動,所寫的故事情節扣人心弦。如能真正學到其中任何一種,就可以使一個普通作家名揚天下。」

當凡爾納發表這一番見解的時候,奧諾麗娜把瑪麗的注意力引向一些書架,上面擺滿最近出版的看來不常被人閱讀的書籍。書架上還彙集著凡爾納著作的各種譯文本,有德文、葡萄牙文、荷蘭文、瑞典文、俄文等,另外,還有《環遊地球八十天》的日文和阿拉伯文譯本。

奧諾麗娜十分殷勤地把那本字體奇特的書取了下來:「我丈夫從來沒有重讀過他自己小說的任何章節。雖然他對一本書虛構的情節往往要構思幾年才著手寫作,但是,文稿一旦修改好了,他馬上就對他的主角不感興趣了。」

瑪麗驚奇地問:「現在您採取什麼樣的寫作方法呢?我希望您樂意把您的經驗傳授給大家。」

凡爾納滿面笑容地說:「我不大明白,大家怎麼會對這如此感興趣。不過我很願意把我的『文學烹飪法』的祕密告訴您,儘管我不建議任何人照這種方法去做,因為,我向來認為我們每個人都有自己獨特的寫作方法,並且會本能地選擇最好的方法。

　　「我每寫一部小說，總是必須首先擬定寫作提綱。如果不知道如何開頭，怎樣寫正文，又怎麼結尾，我是從不會動筆的。另外，我比較滿意的是，這種寫作提綱在我心中不是只有一個，而是有半打以上同時浮現在腦海裡。如果我覺得文章難以寫下去，我情願把它擱下，過些時候再繼續寫。

　　「把基本提綱完成以後，我就著手擬定各章提綱，正式寫作時，我使用鉛筆，每頁只寫一半，空出另一半用作補充、修改。文章寫成後，我反覆閱讀全文，再用鋼筆謄寫一遍。

　　「我覺得真正辛苦的工作是著手對文稿進行第一次修改，因為我不只是斟酌字句優美與否，有時候還要整章整節或重寫。只有在不斷地修改過程中，文章才會更加出色，更加完美。

　　「只是在文稿成書以後，我才真正了解我作品的主題。幸運的是，我的那位善良的出版家給我提供了一切修改的自由，我的文章常常要修改潤色八九次。我羨慕那些能從第一章寫到結尾最後一句話而不需要增刪一個字的作家的才能，但我不願意效仿他們。」

　　瑪麗問道：「您這種寫作方法大概會大大減低工作效率吧？」

　　「我不這樣看。由於我養成有規律的工作習慣，我每年總要完成兩本小說。我的小說向來是提前交稿的。」

　　1870 年至 1871 年間，發生了那麼多使他痛心疾首的事件，他的父親去世了，儘管他和父親之間的關係並不是特別好，但是父親對於他來說，還是像大樹一樣能給他心靈的慰藉。這些事件的發生使他又面臨著重要的抉擇。嚴酷的現實生活，把他早年那種樂觀進取的精神，那種幽默、戲謔和歡快的情緒消磨殆盡。

　　於是，他避開喧囂繁亂的巴黎，一個人躲在平靜如水的亞眠。本來孤獨的他更加感覺到孤寂和沉默。唯有工作，才是他的人生寄託、他的希望所在、他的生命存在的價值。他把內心累積的不安、憂鬱、痛苦和企盼一股腦地融入他的作品中。

　　因此，這幾年凡爾納的作品成果纍纍。他寫作速度很快，一部沒有寫完，又開新篇，甚至幾部交替寫作，好像要追回那逝去的青春年華，又好像在有生之年，要把內心積慮全部吐出來。

出版《環遊世界八十天》

在海上有高速客輪、陸上有縱橫交錯的鐵路網，交通工具變得越來越快的時代，環遊我們這個小小的地球，實在不需要多少時間。在蒸汽時代，實際上需要多少天才能周遊我們居住地一圈呢？

1870 年發表在《美景雜誌》上的一篇文章給我們提供的答案是：80 天。這就是凡爾納的新小說《環遊世界八十天》。

《環遊世界八十天》使他名揚天下，有了更大的知名度。平心而論，使他舉世聞名的《環遊世界八十天》並不是凡爾納的傑作，因為小說並沒有提出和解決新時代的重大課題，也沒有創造出新的人物形象，更沒有提出征服自然的新任務。

當然，這本書使出版商發了大財，使凡爾納收入頗豐；確切地說，使出版商和作者發財的原因不是小說而是由小說改編的劇本。凡爾納一生寫過 60 多部小說，該書影響最大，讀者最多。

在小說中，凡爾納虛構了一個由一位緊迫的旅行者福克去完成這種業績的故事。這位旅行者的唯一目的是要克服他可能遇到的各種障礙，在規定的期限內環遊地球一週。

以前凡爾納偶然讀到一份宣傳材料，說利用現代交通工具，人們可以舒舒服服地環繞地球旅行。於是，他就有了一種爭分奪秒與時間競爭的念頭。

　　凡爾納覺得 80 天環遊地球挺有意思。他寫信給赫澤爾說：

　　　　我在幻想做這樣一次旅行。這必定會使我們的讀者感興趣。我必須有點痴痴呆呆，任憑我的主角們的荒謬行動擺布。我只惋惜一點，那就是無法讓他們邁開雙腿步行。

　　在寫作的時候，他用紙板剪出「福克」這個人物的形象，並把他釘在地圖上，依次標出他們環遊地球的路徑。

　　於是，主角用 80 天時間，經歷了環遊地球的驚險故事：

　　　　英國國家銀行發生了一起重大的失竊案。在談論這個盜竊犯潛逃的可能性時，斐利亞‧福克打賭說，根據《每日晨報》所作的計算，人們可以在 80 天環遊地球一週。該報還透露說，橫貫印度的鐵路線業已竣工。為了證實這些計算的正確性和贏得這場打賭，福克帶著剛雇的僕人路路通立刻起程出發。

　　　　福克要克服各種障礙，在限定的時間內環遊地球一週，按時返回倫敦俱樂部。而偵探費克斯認定，英國國家銀行的盜竊犯不是別人，正是福克，於是便在蘇伊士運河等他，並一邊要求倫敦發出逮捕證，一邊對福克進行跟蹤，準備等一接到拘票，立刻將他緝拿歸案。

　　　　到了孟買，福克和他的僕人乘坐開往加爾各答的火車，但他們誤信報上所說鐵路全線業已竣工的

消息，其實最後一段鐵路正在修築之中；下了火車，為了繼續他們的行程，福克不得不買了一頭大象。

穿越森林時，兩位旅行者遇著印度的一支殯葬隊，這些印度人要讓剛去世的一位王公的遺孀一道殉葬。多虧路路通出了一條計謀，福克才終於救出不省人事的少婦艾娥達。艾娥達是按英國方式撫育長大的，被迫嫁給這個生命垂危的老王公。

三人到達加爾各答，但費克斯竟以一種藉口，唆使別人將他們逮捕起來。福克交了保釋金，因而得以繼續旅行，這使那位警察大失所望。到了香港，這位密探在一間吸菸室裡將路路通灌醉，使他無法將開往日本橫濱的客輪的起航時刻通知他的主人，結果只有一直處於半醉狀態的路路通一個人上了船。

這場打賭看來輸定了，但福克不甘罷休，租了一艘領港船，從海上追上了上海至橫濱的另一艘船。經歷了許許多多冒險之後，他們三人重新相聚，並到達了美洲。

這幾位旅客從舊金山乘坐開往紐約的火車。途中，火車遭印第安人襲擊，路路通因此而被擄掠而去。福克置自己的旅程和財產於不顧，毅然決然地救出了路路通。各種事故使我們這幾位旅客耽擱了時間，本來要將他們帶到利物浦去的橫渡大西洋的客輪起航後不久，他們才趕到紐約。

福克只好搭乘一艘貨船到波爾多，一出大海，他便將該船和船員買了下來。這時，我們發現福克

原來是一位精明幹練的海軍退伍官佐,非常善於應付各種突發事件。他最大限度地加大火力,煤炭燒光了,他決定將船上木料上層結構通通燒掉,到達昆斯頓時,該船隻剩一具空殼。

福克打算在昆斯頓乘坐開往都柏林的郵車。這時,他竟被費克斯拘捕,只因真正的竊賊被捕歸案,他才得以獲釋,但這使他又白白浪費了好幾個小時。由於這種種變故,福克到達倫敦時整整遲誤了 24 小時,也就是說,他本應星期六到達,卻推遲到了星期天。

他破產了!這場災難使我們的主角暴露了他們的情感:艾娥達向福克提議要作為他的終身伴侶;這位遇事冷靜的紳士的心地比他所願意表白的還要善良,因而受到極大震動。於是,這位一向冷若冰霜的男子漢承認了很久以來便暗中滋長的愛情,路路通去要求威爾遜神甫明天舉行婚禮。

在最後一章裡,所有參加打賭的人都等在福克要到的俱樂部裡,他們確信他無法在預定時刻 8 時 45 分到達。到了最後一秒鐘,福克突然出現,所有的人都頗感驚訝。

這部小說的最精彩之處是,福克旅行方向朝著太陽升起的東方,由於地球自轉是 24 小時 360 度,他們多爭取整整一天時間。福克應 1872 年 12 月 21 日星期天到達倫敦俱樂部。當他出現在俱樂部時引起了轟動。福克原以為他星期天

到達，實際是星期六。

福克這個人物真正獲得讀者喜愛，那是因為作家成功地塑造了一個典型。作家塑造了一位剛毅冷峻、不畏艱險、果敢地與時間競賽的費列厄斯‧福克、忠貞不二的僕人路路通、命運多舛的艾娥達、詭計多端的騙子巴斯巴都、認真刻板的偵探，為世人認可。

小說的意外成功，引起全球性轟動效應。巴黎人關注福克下一個旅行地點，美國記者打電報給報社報告福克的旅行路線。當福克從香港赴日本，由於偵探的阻撓沒有趕上定期輪船的時候，大洋彼岸的投機活動達到白熱化的程度，有數家輪船公司打電報給作家，要求他讓福克乘坐他們公司的輪船，公司將支付一筆巨額款項奉送作家。

由於受到朱爾‧凡爾納小說《環遊世界八十天》的鼓舞，許多冒險旅行家為打破環球旅行的紀錄，競相出發，開展環球旅行競賽。人們相繼打破環球旅行紀錄，並自豪地專程去拜訪凡爾納。他們的這種努力，讓凡爾納很開心。

《八十天環球旅行》很適於改編成劇本，劇作家戴納裡與凡爾納精誠合作，共同擬定改編提綱，加入很多情節，於1874年11月7日在聖馬丁劇院首次公演，大獲成功。

在劇本改編過程中，劇作家戴納裡充分利用各種手段以便取得驚人舞臺效果，最成功之處，舞臺上居然出現了一隻真正的活象。人們都記得，巴黎動物園中的大象，在巴黎被

圍困期間，被人吃掉了，因此大象引起巴黎人的感情震顫，取得了意想不到的戲劇效果。

一位專欄記者在《費加羅報》上寫道：「《環遊世界八十天》使整個巴黎沉醉於節日氣氛之中。當戲院開門時，聖馬丁大街上，人聲鼎沸，熙熙攘攘，猶如過節一樣。」這位記者所說的令人興奮原因之一是票房收入：「昨天收入 8,037 法郎，而兩週內的收入已達 25 萬法郎。」這樣的票房率一直保持了兩年多。

隨著《環遊世界八十天》獲得巨大成功，凡爾納名聲大振，如日中天，得到全世界的公認。他的作品先後在美國、英國、俄羅斯、德國、義大利、西班牙、瑞士、挪威、荷蘭、希臘、克羅地亞、捷克、丹麥、加拿大、阿根廷、中國、波斯、日本等國翻譯出版。

由於凡爾納創作的非凡成就，法蘭西學院於 1874 年 4 月授予朱爾・凡爾納該院一等獎和獎章。回想 20 年以前，當 1852 年凡爾納發表小說《馬丁・帕茲》的時候，頗受父親的讚賞，曾建議兒子申請法蘭西文學院的獎勵，而凡爾納不願意為了榮譽向帝國文學院的老爺們卑躬屈膝，予以拒絕。而今，雖然法蘭西學院主動地授予他最高文學獎賞，並沒有給他帶來幾多歡欣。他說：「我的生活是充實的，沒有煩悶無聊的餘地。這幾乎就是我們期盼的一切。」

在大海上自由地遨遊

幾部小說和劇本先後獲得成功，凡爾納的收入也隨著增加，於是，他在 1876 年購買了「聖米歇爾 2 號」，1877 年又購買了「聖米歇爾 3 號」，從而實現了他的平生夙願。

1877 年到 1878 年間，凡爾納一家為給兒子米歇爾創造一個良好的學習環境，暫時遷到南特城絮弗朗街 1 號一套住宅。

1877 年夏天，凡爾納又揚帆起航，同時也把米歇爾帶上。他在一封信中說：「米歇爾和我們在一起，人家都覺得高興，他也發生了很大變化。」

米歇爾這時已滿 16 歲，正處於使年輕人面臨各種危險的轉變時期。幼年時，米歇爾便是個難以管教的頑童，他的哭喊常常騷擾作家的工作。將教養兒子的事交給他媽媽來管，這是理所當然的；但她意志薄弱，顯然是個平庸的教育者；至於父親，他終日躲在工作室裡，盡可能擺脫這些家庭的煩惱。

這孩子從來沒遇到過什麼阻力；他的任何怪念頭，都會得到容忍，甚至鼓勵。父親對此從來不聞不問，而母親常常覺得挺開心。

有一次，在散步的時候，他們給小傢伙買了一把小木劍，這是當時流行的一種玩具。小傢伙剛遇著第一個地窖的

氣窗，便連忙把小劍塞了進去。結果，他們不得不請求這戶人家讓他們到地窖裡把小木劍找回來。

　　母親囑咐小淘氣別再做這種事，但口氣大概沒帶什麼威脅性，碰上下一個氣窗時，這個小頑童照樣把木劍塞進去了，他們又不得不去把它找回來。

　　奧諾麗娜非但沒打他屁股一頓，反而哈哈大笑，她覺得這種固執著實滑稽。這個年僅 5 歲的孩子竟跪下來注視著她，對她說，「啊！你實在漂亮！」面對這種情景，怎能不叫做母親的心慈手軟呢？

　　凡爾納也不得不承認，兒子有時挺可愛，有時挺惱人。他覺察出這是孩童最調皮的行為嗎？總之，他決定將這難似管教的孩子交給職業教師。但當米歇爾進入阿貝維爾學校當寄宿生時，無疑已經為時太晚了。因孩子身體太差，問題變得更複雜了。

　　過了好幾年，米歇爾才終於擺脫這種「轉變」不順利所造成的後果。「善良的父親」所採取的嚴厲的教育方法，必然要遭受失敗，而且絕不能使不聽話的孩子一下子轉變過來。

　　似乎造成這種狀況的唯一原因是神經質，那就只好求助於精神病醫生了。他們去找過著名的布朗歇大夫。1873 年至 1874 年，病人在療養院住了一些日子，身體狀況似乎有所好轉。

　　但這種「好轉」並沒持續多久。為了克服性格障礙，父母甚至採取了最嚴格的方式。他們去找過梅特拉伊少年教養所的所長布朗夏爾先生。在這家教養所住了 8 個月，反而使症狀有所惡化，病情變得使人越發不安，而且會有導致變瘋或自殺的危險。強制手段只能加重這位少年的精神障礙和反抗。布朗夏爾先生明智地建議要發揮家庭的作用。他們做了這種實驗，但希望不大。

　　隨著遊艇在人海上漂蕩，凡爾納也跟著大海波濤澎湃而浮想聯翩：「這個米歇爾，缺點不少，優點也很多，倘有機遇，很可能成為一個堅強的人。他聰明，又有熱情，就是缺少是非辨別力，不擅長把握自己，還有點神經質。」

　　由於對米歇爾的高期望而發生的聯想，一個 15 歲的英雄少年形象，逐步在作家的頭腦中形成。凡爾納在給赫澤爾的信中說：

　　　　15 歲的船長絕對不會是兩果的《悲慘世界》中那樣蹦蹦在巴黎街頭的機靈又調皮的流浪兒，他絕不是懶鬼；當船上只剩他一個人的時候，他顯得英勇無畏，而且像一個真正的船長那樣行事。

　　　　這位 15 歲的船長所在的那艘捕鯨船，老船長帶領 5 名水手乘舢板去捕獲一頭座頭鯨，不幸船翻人亡。此時，這位被船長委任臨時大副的 15 歲少年，他面臨絕望的局面：船上只剩下一名見習水手，還

有船長的妻兒，一名年邁女傭，5名黑人遇難者，加上一隻小狗戈登，還有心懷叵測的廚子。

少年臨危不懼，沉著冷靜，毅然承擔起負責捕鯨船和眾人安危的重任，並表現出驚人的才幹。船的航向是東方，始終不變，預定能夠返回美洲。

由於那個不懷好意、處處與少年船長作對的廚子的干擾，加上船上的羅盤儀發生偏差，最後沒有到達美洲，而是繞過合恩角進入非洲海岸。他們登陸不久，便被捉住，落在黑奴販子的手中。

毫無疑問，凡爾納要借助大海平息這個米歇爾給他造成的痛苦。

後來，凡爾納懷著鬱鬱寡歡的心情，跟他弟弟保爾、他弟弟的第二個兒子莫里斯、年輕律師拉烏爾·迪瓦爾和30歲的小赫澤爾等人，乘坐「聖米歇爾3號」到地中海進行了一次遠航。

「聖米歇爾3號」是一艘「豪華巨輪」，它長28公尺，寬4.6公尺，吃水3公尺，驅動功率為100馬力。船的尾部有一間用桃心木鑲嵌的客廳，兩張可當做睡床的長沙發，客廳與臥室相連，臥室裡擺放著淡色的橡木家具。總之這是一艘無比漂亮的遊船。它的桅杆高高聳立，吃水線以下有一條金色的條紋，整艘船都十分壯觀。

船從南特起航，經加地斯到非洲，義大利公債籌辦的一個狩獵隊使凡爾納大開眼界。再經直布羅陀到達摩洛哥的得

士安，進入阿爾及利亞海岸。

凡爾納的妻姪喬治‧阿洛特是駐奧蘭的騎兵隊長，他特意帶著這位遠親遊覽了阿澤爾海灣。1877 年出版的《海格托‧舍爾瓦達克》，就是這位遠親提供的阿爾及利亞的背景材料，喬治就是主角的原型。

凡爾納站在船頭，迎著輕輕的海風，面對著自己在小說中幻想過的景色，不禁心醉神迷。

在阿爾及爾，凡爾納在船上，用最好的酒為本地政要和顯赫人物及其夫人舉辦了一次豐盛的宴會。性格孤僻、耿介方正的凡爾納又發了一次「瘋狂」！

凡爾納雖然結交各類人物，但依然孤傲耿介、鬱鬱寡歡。有一次，「聖米歇爾 3 號」到了英格蘭南部威特島的考斯，當地正舉行賽船會，皇家賽船隊隊長特地送來一張請柬，邀請他參加歡迎威爾士王子的集會，凡爾納立即下令離開考斯，他坦率地說：「英國王子，與我何干！」

1879 年，凡爾納帶著米歇爾和一位朋友第二次出海，抵達英格蘭和蘇格蘭東海岸的愛丁堡。

第三次遠航是 1880 年，沿海岸北上，經基爾運河到達波羅的海。在基爾，他們再次見到 1867 年送到世界博覽會的那尊發射 500 公斤砲彈的巨炮以及裝備日益精良的德國海軍，不由得想起 1870 年那場戰爭，再也無心遠航，便返航回國了。

　　凡爾納終生難忘的一次遠航，是 1884 年。此次遠航的目的之一，是想為以地中海為背景的新小說收集素材。

　　5 月 13 日，「聖米歇爾 3 號」起航，同行者有弟弟保爾及保爾的兒子加斯東。加斯東沿途寫航海日記。奧諾麗娜由米歇爾陪同先期出發去阿爾及利亞的奧蘭，在妹妹家等待「聖米歇爾 3 號」。

　　5 月 18 日，船到維哥。法國領事的幾個女兒注視著凡爾納的樣子，就彷彿他是半神半人的人物似的。在里斯本，赫澤爾在葡萄牙的代理人舉行一次令人心曠神怡的午宴，向凡爾納表示敬意。

　　里斯本的社會名流均在宴會上露面。晚上，海軍大臣為他舉辦了一次豪華的晚宴。吃過甜點之後，人們向凡爾納贈送他的小說的葡萄牙文本。書放在一個飾有海貝和蚌殼的盤子裡；這種盤子是藝術品，準備給凡爾納留做紀念。

　　5 月 25 日，船到直布羅陀，英國軍官為活躍軍營生活，特地舉辦一次盛大宴會。他們為凡爾納舉辦一個了精彩的招待會！那些軍官們見到他時，欣喜若狂，他們飲潘趣酒，大聲鼓掌和歡呼，然後又大口喝酒。

　　5 月 27 日，遊船抵達奧蘭，全家團聚。隨後，「聖米歇爾 3 號」到達阿爾及爾，奧諾麗娜與她的女兒瓦朗蒂妮相見，當時她的丈夫正在那裡服役。而凡爾納也見到了他的兩位表親喬治和菲伊。

　　6 月 10 日，船在博尼停泊，打算前往突尼斯，但海路險惡，巨浪滔天，一艘遠洋帆船剛剛在這一海域遇難，全體船員和乘客無一生還。奧諾麗娜非常恐懼，她堅持走陸路。凡爾納只好同意，讓奧利夫船長將「聖米歇爾 3 號」開往突尼斯。馬車到一個叫加迪納烏的城鎮，法國代辦安排得十分得體，突尼斯土著首領的私人列車前來迎候，首領本人帶著大鼓和舞蹈隊，熱情歡迎。在迦太基，朋友為他舉辦一個招待會。後由白人神父帶領，參觀了占城遺址。

　　經過陸路旅程，大家到達突尼斯，登上「聖米歇爾 3 號」，正當他們前往馬耳他時，天氣驟然變壞，被迫在一個小海灣停泊避風。海灣只有沙子，沒有淡水。海灣風平浪靜，一片沙灘，一望無邊，杳無人煙，使人們好像回歸原始生活，油然產生自由自在的感覺，無拘無束，大家高興起來。

　　在馬耳他島，凡爾納一行受到當地英國駐軍的熱烈歡迎。地方長官親自陪同遊覽名勝。此時，法國來函，希望他們縮短旅行日期。原本凡爾納打算去亞得里亞海游弋，藉以充實《馬季斯‧山道爾》，只好放棄。

　　在西西里島作短暫停留後，隨即趕到那不勒斯。此時，又是奧諾麗娜打死不肯再乘船，只好改為陸路返回南特。而凡爾納也想藉機好好地了解一下義大利。義大利是他嚮往已久的國度，一直未能如願成行。「聖米歇爾 3 號」先期回盧瓦河口靜候，他們乘車直達羅馬。

7月4日，凡爾納一行抵達羅馬，作為尊貴的客人受到隆重接待。在羅馬期間，凡爾納一家作為執行官夫婦的貴賓出席一次專為迎接他們的盛大招待會。凡爾納雖未到過羅馬，但對該城的地理情況瞭如指掌，在同羅馬執政官首次會見時，講了許多鮮為人知的掌故，使這位父母官驚詫不已，因為自己都知之甚少。

7月7日，凡爾納受到教皇接見。教皇說：「我不是不知道您的作品的科學價值，但我珍視的是作品的純潔性、道德價值和精神力量。」並且鼓勵他繼續寫下去。凡爾納被感動得熱淚盈眶。因為凡爾納一直受到巴黎大主教的排斥，而教皇的一席話對凡爾納非常有利。

在佛羅倫斯，凡爾納改名換姓，安靜度過。但到了威尼斯，儘管用了「普律當‧阿洛特」的化名在旅館登記，但還是被人認出來。旅館老闆是個精明的商人，立即把旅館裝飾一新，放起煙花爆竹。並高高掛起一面寫有凡爾納大名的旗幟，陽臺上滿掛綵燈。威尼斯人熱情豪放，把凡爾納視為自己人，琳瑯滿目的條幅排滿大街通衢，還有一條寫著「凡爾納萬歲」的落地大條幅。

他們到威尼斯的第二天，薩爾瓦多公爵專程到旅館拜會。這位公爵是文學家、藝術家和學者。他隱居在巴利亞納群島的領地，利用他的「水妖號」遊艇從事海洋研究。他此次來訪，

特地攜帶他的研究成果作為見面禮物，並邀請凡爾納去他府上做客，凡爾納委婉謝絕了。此後，二人一直保持著聯繫。

威尼斯此行，使凡爾納感到欣慰的，不是張燈結綵、煙花爆竹，而是有幸結識這位不趨名逐利而甘居海外孤島從事海洋研究的「孤獨者」公爵。

凡爾納一行歸國途中，曾到過米蘭，他繞道去布雷拉，核對一下達文西的筆記和草圖。

凡爾納一家此次顯赫的地中海之旅，儘管遇到許多困難，卻是凡爾納一生中最有意義的一次旅行，因此大家都開心。旅行歸來，他精神振奮、意氣勃發，未待消除旅途疲勞，便帶著濃重的大海氣息投入了創作。

悉心照料生病的妻子

1877 年和 1878 年，凡爾納希望南特的家庭環境能對他兒子的心理產生正面影響，希望那裡的溫和氣候能促進他妻子病癒康復。

在此期間，他跟一位中學生經常通信。這位學生住在聖納澤爾，家境貧寒，父母早已分居。

凡爾納對這位小青年產生了好感。因為這個孩子的聰慧深深地打動了他，其敏感也曾引起過他的注意。這種敏感尤其加深了這個年輕人遭遺棄的情感。

凡爾納給赫澤爾的一封信中更明確表達了他對這個中學
生的關愛：

> 我到南特的鄉間住了幾天，把布里昂也帶去
> 了。在一個這麼和睦、人口如此眾多的家庭環境
> 裡，我把他變成一個寧靜的人。要知道，直至如
> 今，他尚未領略過家庭的溫暖。

凡爾納對這位學生似乎保留著一種鮮明的記憶，在《兩
年假期》這部作品中，他甚至將他的一個主角取名為布里
昂，只將名字最末一個字母 d 改為 t，並且賦予這位主角以
南特中學生的各種優秀品格。此外，到了巴黎，他兩個也似
乎一直保持著這種關係。

這兩個頭腦靈活的人雖年紀相差較大，但都樂於促膝交
談。在當時，凡爾納的見解是非常進步的，毫無疑問，他曾
宣揚過自由與和平的美德。而那個中學生大概對自己的命運
極為不滿，他受到鼓勵，逐漸培養起跟凡爾納一致的見解。
在他的頭腦中，1848 年革命黨人的夢想跟第三共和時代人們
的夢想，興許就這樣結合起來了。他是第三共和那批最著名
的代表之一。

1878 年 9 月，凡爾納心緒平和地離開了南特，他跟奧諾
麗娜重新返回亞眠朗格維爾街 44 號居住。

《印度貴婦的五億法郎》剛接近完成，凡爾納頭腦中已在

醞釀另一個題材。

自少年時代，凡爾納便對印度充滿了強烈的幻想，現在這個題材是否得之於童年的幻想？或者米歇爾的印度之行吸引了他對這個國度的注意，使他必然地對它發生興趣？米歇爾雖然已從印度歸來，但他也許比兒子更了解印度！

凡爾納很想到他兒子沒到過的地方去逛逛。要不然，他將一輩子待在這座扎根於亞眠的房子裡。哦！要是將這座房子搬到他的想像所馳及的地方，那該多好呵！一所裝上輪子、由某種蒸汽機車牽引的房子！或者由一頭大象牽引，因為這可是要橫穿印度啊！最好將這兩者融為一體。變成一種外形似大象的機器。

一位印度總督也許就曾產生過這種怪念頭：「為什麼不設計一頭機器大象？」這種奇特的構思肯定會激發《教育與娛樂》雜誌的讀者們的好奇心。他完全可以這樣希望，這種構思將能讓讀者接受一些簡單的歷史、地理知識，從而了解印度的狀況。

1879 年 1 月，當凡爾納 51 歲的時候，奧諾麗娜由於身體極度虛弱病倒了。

雖然凡爾納日夜守在妻子身邊，但卻絲毫不能減輕她的疼痛與憔悴。不過善良的奧諾麗娜還是盡量保持著微笑，為了使凡爾納不致太擔心。奧諾麗娜一直對凡爾納輕聲說：「親

愛的，情況沒有那麼壞。你放心好了！」

雖然她堅強地極力掩飾著不讓聲音過於發顫，但凡爾納聽了反而心裡更難受。

12月，奧諾麗娜子宮出血，身體極度虛弱，實在叫人擔心。同時，米歇爾的胡作非為，更增添了凡爾納因妻子的健康而引起的種種憂慮。

凡爾納常常默默地注視著妻子，這時他尤其感到：這是一個多麼好的妻子啊！她對我如此重要，她一生都在為了我的健康而努力做各種可口的飯菜。

現在奧諾麗娜病在床上，凡爾納只能去啃乾麵包了。他看著想著，一想到一旦失去妻子後的淒涼生活，就不禁落下淚來。

親友們看到凡爾納經常呆呆地落淚，都以為奧諾麗娜可能快不行了，她肯定挨不過這一次了，也紛紛跟著凡爾納傷心。

奧諾麗娜從未感到凡爾納對她如此關心，她深受感動，一邊努力抬起手為丈夫擦去眼角的淚水，一邊不停地安慰丈夫：「親愛的，不要這樣！」

或許上帝真被凡爾納的真心感動了，死神並沒有把奧諾麗娜從他身邊搶走。來年開春後，她的身體竟漸漸地好起來，慢慢地能夠支撐著下床走動了。

這時，凡爾納更珍惜與妻子在一起的時光，他一有時間

就陪著她坐在門前的石階上，夫妻兩個一起晒太陽。

為了支撐這個家，凡爾納又繼續他的夢中旅行。他又投入到《亞馬遜河八百里》的創作中。

《亞馬遜河八百里》開門見山地給我們提出了一個問題。這個問題將成為該書的主題。1852 年，巴西仍存在著農奴制，因此，凡爾納首先將一份恰好落在一個販奴頭目手裡的難以辨讀的文件擺在我們面前。

這份文件是證實一位名叫達科斯塔的巴西人的無辜的。20 年前，這個巴西人因犯盜竊鑽石罪和謀殺罪而被判死刑。達科斯塔越獄成功後，逃亡到了祕魯。他在祕魯娶了一個葡萄牙殖民者的女兒為妻。他憑著自己的智慧和勤勞，開發了他岳父的莊園。

如今，他化名為約亞姆·加拉爾，成了一個大種植園的園主。他妻子給他生了一個兒子，叫貝尼托，一個女兒，叫米娜。米娜即將嫁給一位軍醫，這位軍醫是她哥哥的朋友。因男方的母親住在貝倫，這兩個年輕人便希望在巴西的貝倫舉行婚禮。

起初，加拉爾表現出一種極大的內心混亂，後來終於還是同意他們的這次旅行。直至那時，他從來不允許離開他的莊園。家裡的人誰也不曉得他的歷史。但他決定自首伏法，要求重新審理他的案子。

　　小說花了整整一章專門描寫亞馬遜河。在這一章的末尾，凡爾納悲憾地指出，亞馬遜河廣大流域的文明是以「犧牲當地土著部族的利益」而建立起來的。加拉爾一家正是要沿著這條巨大的河流直達河口，然後再到貝倫去的。他們的運輸工具是一隻借助水流推動的大木筏。這只木筏碩大無朋，相當堅固，可承載 100 多人的整個村莊以及運去出賣的貨物。

　　木筏做成後，貝尼托和馬塞爾帶著米娜和她的忠實女伴、長相俏麗、笑口盈盈的混血兒利娜到亞馬遜河沿岸森林散步。他們沿著一條繞樹延綿的長藤邊走邊玩，到了長藤的末端，正好救了一個剛上吊的男人。

　　這個自尋短見的人被救醒後，立刻變得溫和起來。原來，他叫弗拉戈索，是個以四海為家的剃鬚匠。他還得趕 400 英里的路程，可是身無分文，一時間失去了勇氣。他參加了這次旅行。在一次中途停歇時，他施展了他那製作假髮、假鬚的本領。

　　在顧客當中，有一位叫托雷斯。弗拉戈索雖然沒認出這個顧客，但覺得此人容貌很熟。在閒聊中，他把加拉爾在木筏上的事告訴了托雷斯。這位冒險家沒費多大氣力便被接受上了木筏。在遭受凱門鱷的一次襲擊中，他甚至救了加拉爾的命，而弗拉戈索也英勇無畏地救了米娜的命。在回答加拉

爾的感謝時，托雷斯說：「在所有人中您的生命對我來說尤其寶貴。」這句包含言外之意的話引起了貝尼托和馬諾埃爾的注意。

在一次密談中，托雷斯指控加拉爾就是達科斯塔。不過他還說，他知道他受到不公正的判決，而且掌握有證實他無辜的證據：那個真正罪犯的口頭懺悔。他要求加拉爾把女兒嫁給他，以換取他的沉默和那份文件。這種卑劣的訛詐遭到失敗，托雷斯急不可待地去報告警察局。加拉爾也就是達科斯塔被捕了。

達科斯塔只能要求法官雅里凱相信他，他必須把托雷斯找回來。不幸的是，貝尼托不曉得他保存著一份文件，十分憤慨，要求跟他決鬥，竟把他殺死了。這位訛詐者的屍體落入亞馬遜河，連同證明達科斯塔無罪的文件一起被沖走。貝尼托後來才知道，因自己一時激憤，竟毀了自己的父親，可惜已經太遲了。他穿著潛水服，在河裡搜尋這具屍首。他在屍首的衣服裡發現了一個匣子，這個匣子由法官雅里凱親自打開，裡面裝著一份密碼，但沒有辨讀的鑰匙。幸好法官是個精明人，他的主要消遣就是推敲思索七巧板、字謎、畫謎、字母組合遊戲等玩意兒。

這份文件喚起了法官喜歡分析探討的本能，他興致勃勃地潛心揣摩它的意義。他深信，要是不弄清用來獲得各個字

母在字母順序中的變換的任意數,他是無法洞悉它們的真正含義的。

　　弗拉戈索終於了解到,這份文件的作者叫奧泰加,是托雷斯的一位朋友。在行刑前不久,他帶回這一重要消息給法官,法官將奧泰加這個名字與組成密碼簽名的最後 6 個字母相對照,獲得 432513 這個數目字。文件終於辨讀出來了。原來這是一份真正罪犯的懺悔書。

　　這部作品對亞馬遜河的景貌作了非常出色的描述,傳授地理知識的目的達到了。

　　事實上,凡爾納的主要興趣是譯解那份文件,他寫信告訴赫澤爾說:「至於數字,我看可作些簡化。」

　　另外,凡爾納還說:「在這部小說中,我遇到了一些難於解決的情況,但我不想迴避這些困難,雖然從本質上說仍是一次旅行,但我發揮了有別於我通常使用的一些手法。」

　　到了天氣非常炎熱的夏天,奧諾麗娜已經基本恢復了健康,凡爾納為她安排好一切,然後自己又獨自回到「聖米歇爾號」上,全心地撲在《亞馬遜河八百里》剩餘部分的創作當中。

　　光陰似箭,一晃就到了 1885 年。凡爾納相繼完成了 5 部小說,提前兩年完成了與赫澤爾的合約義務。

　　在一番忙碌過後,凡爾納想讓自己的腦子歇一歇。他再

次組織一個化裝舞會。這次舞會定於 1885 年舉行，以補償奧諾麗娜對 1877 年那次舞會的失望。

為了給奧諾麗娜的交際生活創造良好條件，他想到了一個最好的辦法。那就是採取一個轟動一時的行動。這一回，凡爾納夫婦是在亞眠的家中，而不是在各餐館的客廳裡接待親朋賓客了。

化裝舞會將在他們自己的公館裡舉行。這座公館臨時取名為「環遊地球大旅舍」。旅舍裡「將免費提供飲料、食品和跳舞場地」。

凡爾納夫婦化妝成男女廚師，親自迎候來自各方的賓客。

凡爾納已 57 歲了，雖然他已經身體發胖，並不適合跳舞了。但他還是喜氣洋洋地參與其中，而風韻猶存的奧諾麗娜最關心的，並不是自己的身材，她希望的當然是讓菜餚做得精美一些，只有這樣才能讓自己和朋友們胃口大開。

「旅舍的顧客」大概都覺得挺稱心愜意。凡爾納一直習慣別人在出版社接待他，但從各種可能來看，他常常到一個他可以舒適地從事創作的無人知曉的地方去。

這次體面講究的舞會召開得非常成功，人們都積極地去參加奧諾麗娜的沙龍。他們可以在這裡找到人與人之間最原始的心貼心的交流。

　　後來舉行沙龍的次數多了，凡爾納就忙不過來了。他不再每次都協助妻子當廚師了，因為招待那麼多人確實不是一個輕鬆的工作。而且，雖然他也樂呵呵地參加晚會，但每次都不會超過晚 22 時，大家經常在 22 時後就找不到他的身影了。

　　奧諾麗娜理解丈夫，她也不為難他，自己應付著快樂的場面。而客人們也都習慣了凡爾納的「早退」，時間久了，凡爾納還獲得了一個「笨熊」的雅號。

　　奧諾麗娜笑著說：「嗯！再沒有比他更能配得上這個雅號的了。」

滄海落日

海是包羅萬象的。海的氣息純淨而衛生;海之為物
是超越的、神妙的生存之乘輿;海是動,海是愛。

—— 凡爾納

深深憂慮兒子的成長

凡爾納衣食住行一直保持清苦儉樸的習慣，唯一屬於「高消費」的，就是養船。凡爾納熱愛大海，因此他愛船如命。

購買遊船給凡爾納帶來的歡樂，但這只能掩蓋他那日漸增多的憂慮。給他造成最嚴重憂慮的當然是他的兒子米歇爾。

從 1874 年至 1878 年，凡爾納住在南特絮弗朗街 1 號的一套住宅裡，他兒子上中學。他在信中這樣說過：

> 對米歇爾，沒什麼嚴重的事可值得指責的，不過，他揮霍無度，不曉得金錢的價值，這實在令人難以置信。但從其他方面來說，他的確有了一些好轉。在這裡的家人都覺察出來了。

然而，他的交往很令人氣憤。他欠了不少債。他無法很好利用他自己要求的或自己容許自己的自由，這就不可避免地會使家裡人做出反應，但他卻蠻不講理地進行反抗。

像他這種類型的人實在司空見慣。赫澤爾試圖用說理來勸導這個小夥子，可他絕不會接受不符合他心意的道理，而且巧言善辯地維護唯一能滿足他個人樂趣的法則。這屬於青春期古怪性格的發作。這種發作包含性格上的各種衝動反應，而且無論如何要使大人陷於尷尬境地。

凡爾納給赫澤爾寫信說：

　　您那封令人讚嘆的信使我深受感動，但米歇爾肯定不會理解。他的虛榮心簡直難以對付。他對應該尊重的絕不尊重，對任何批評充耳不聞。

　　可是，我將與家人配合，採取最為有效的方式。倘若他不願意服從，就將被關押幾年。他不曉得自己正朝這個方向邁去，但必要時，他是會知道的。家裡的人，包括叔伯表親都在以這種方式對他施加影響。他或許終於明白，必須打捽自己那種自命不凡的傲氣。

　　我並不抱什麼希望，米歇爾這個 14 歲的孩子簡直像 25 歲的青年，過早地形成心理反常。我將履行我的責任，直至最後時刻。

凡爾納與奧諾麗娜一直無能為力，十分恐慌。司法和行政當局只能向悵然不知所措的凡爾納建議採取最後的解決辦法：在實施拘押以前，先進行「父親懲罰」形式的監禁。

這道命令簽署後，米歇爾便被帶到城裡的監獄。正當凡爾納得以考慮此事的時候，他跟一艘即將開往印度的三桅帆船的船長進行了協商。米歇爾聽到被遣送的消息，感到特別高興。他滿懷熱情地接受這種懲罰。他提出的唯一要求就是，讓別人將他父親的作品給他送來！

可以肯定，凡爾納作為父親，比他還要痛苦。凡爾納沒

有勇氣將他帶到波爾多並為他送行,他將此事委託保爾去辦。

2月4日米歇爾上了船。凡爾納獨自思量,「他將變成什麼樣子?我不曉得,但這裡的醫生一致認為,這孩子處於病情發作狀態,他對自己的行為不負任何責任。大海會不會使他的智力健全起來?」懲罰不算嚴厲,米歇爾被聘為見習船工,跟船長同桌吃飯;這次旅行變成了一次巡航。

4月26日,航船到達印度洋馬達加斯加以東的莫里斯島。這位名作家的兒子在船上的消息很快便傳開了。當天晚上,一個種植園主為他舉行了一個有200人參加的宴會。但這位種植園主實在是給他幫了倒忙。

三桅帆船終於到達印度。這位年輕人冒著烈日,竟身穿禮服、頭戴禮帽上岸,當地人不禁愕然咋舌!他用一種年輕人所喜歡採用的方式,佯裝在這次旅行中沒得到任何樂趣,並情不自禁地開罪他父親,好讓別人替他打抱不平。

1878年11月28日,他從加爾各答給凡爾納寄了一封信。這封信為他提供了一個報復的機會:

> 看著自己被迫地、既無法做出任何努力、也無法做出任何事情地被帶走,遠離了家人,遠離了故鄉,遠離了他所愛的一切,這叫人多麼悲傷。這畢竟是我的過錯,我沒什麼好說的。
> 可是,這難道不是思想和情感,即理智和心靈所產生的一種難以言喻的專橫在作祟麼?這是一個

會思維的動物所能想像出來的最可惡的東西。

我不得不忍受這種專橫，不敢有半句怨言，可是，要是我能衝破這種專橫，我完全可以透過使用我在物質上的自由，去證實我是值得享有精神上的自由的。

對我的思想做些什麼呢？我能否問一問你！使思想受到教育？得到鍛鍊？沒這回事！「透過觀察偉大的事物」以提高思想境界？我始終認為，這種言辭無非是作家們混雜到他們所寫的美好事物中去的一句空話。

就我看來，這無異於江湖騙子使用的大鼓。聲音響，意義不大。我從來不相信人們在海上航行時所產生的那種熱情，不相信那種「深淵的恐怖」和「大海的憂慮」。我是有道理的！所有這些，全是文字遊戲！

我根本不是藝術家。然而，我曉得，一位漂亮的伴侶、高山、野石，當然會使我產生某種印象，但絕不會向我提供一絲的熱情。人們覺得這些東西賞心悅目，如此而已。

我在海上航行了 10 個月，我從來沒覺得大海可愛。風平浪靜時，大海使我感到厭煩；波翻浪湧時，大海使我感到恐懼。海水、海水、海水，我實在覺得單調。但什麼是美，什麼是醜？別人認為是美好的東西，我卻覺得可憎可惡，這又作何解釋呢？

直至目前，我無須去培養和發展我的精神，對於一個 17 歲的人來說，這已經有點過頭。如今，我所需要的是學習知識，我在內心裡向你提出這樣的問題，是否到這裡來才能學到東西？

我的想像力有時阻礙著我對你的愛。這種結果已經獲得了；但你以為是在掌舵和沖洗甲板時獲得的嗎？我有充分的時間進行思考，10 個月過去了，這就是祕密之所在！

不管怎樣，我很可能弄錯；說不定疾病還要繼續！說不定這個瘋子還得服用神經鎮靜劑！我擔心的是我過於固執。但直至如今，還毫無表現，我甚至根本沒看出我將來會變成這麼一個人。

當凡爾納發現自己企圖使用強制手段去改變兒子的性格而走錯了路時，他內心似乎感到痛苦。他肯定會覺得兒子的信可怕，因為他從信中發現，他只注意這個小青年的健康而忽視了對他的培養。他作出的努力使他兩個日漸疏遠，因此，只好將教育兒子的責任託付給別人。

凡爾納發現，一切辦法對米歇爾都不適用，雖然他的老師告訴過他，他可以參加明年 4 月分的升學考試，但他已不再鑽研功課了。他揮霍無度，負債纍纍，作為一個年輕人，卻滿口令人驚恐的奇談怪論，力圖以各種可能的手段去獲得金錢，並常常進行威脅等，這一切又死灰復燃了。

傷心的凡爾納在給赫澤爾的信中說：

> 在這個孩子身上，表現出一種您肯定不會相信的令人氣憤的厚顏無恥。在這種厚顏無恥中，還摻雜有一點不容置疑的瘋狂，這是一個可怕的墮落分子。

> 只要他有事可做，我全都能忍受下來；而當他一旦無所事事，就得打定主意。什麼主意？把這倒楣鬼從我家裡攆出去。這是肯定無疑的。這麼一來，他 17 歲半就會投入巴黎，為所欲為。

> 前途實在令人擔憂，一旦攆出家門，我就永遠不再見他，哎！我可憐的赫澤爾，我多麼不幸，這一切真該結束了！您要是面臨我這種處境，您會怎麼辦呢？把他攆走，永遠不再見他？最後終究要採取這種手段。我內心的痛苦實在無法令人相信！

在發生幾場越來越激烈的爭吵之後，凡爾納終於把他攆出了家門。米歇爾並沒走遠，他在城裡吃、城裡住。醫生們說：「他是個小瘋子，墮落並不能解釋他的行為。」這種人是難以管教的。

總檢察長、市長和警察局長都答應密切監視他，一有機會就採取行動。再次動員權力機構，這顯然有點過分，但「機會」一直沒出現，因為這個「小瘋子」縱然違反道德，但畢竟沒違反法律。

　　米歇爾堅持在亞眠居留而不去巴黎，是因為他愛上了劇院的年輕歌手迪加宗。赫澤爾了解到米歇爾的計畫，凡爾納對他說：「昨天，我不得不當著警察局長的面跟他談了一次。這裡有個叫迪加宗的女人，他正為她而借新債。他要求解除對他的監護，並明確表示，等演出一結束便跟她出走的意圖，毫無疑問，他要跟她結婚。」

　　過了幾天，赫澤爾收到凡爾納的一封信：

　　　　米歇爾 8 天前離開了亞眠，把那個小女孩也帶走了。如今，他兩個到了勒阿弗爾，她正在那裡演出。既然她肯定做了他的情婦，我並不認為他會到英國去結婚，雖然他讓人在亞眠公布了結婚預告。

　　　　來自各方面的討債書和申訴書紛紛而至，我實在毫無辦法。他正踏著貧困和羞恥之路，向著瘋人院邁進。

　　凡爾納沒有辦法，他一方面發出威脅，要懲罰兒子，一方面又要求赫澤爾給他兒子每月從自己的版稅中抽出 1,000 法郎寄給他作為生活費！這在那時可是一筆可觀的數目；他大概認為，這樣他兒子便不會輕易借債了。

　　三年後，米歇爾已經是兩個孩子的父親了，但他又看上了一位年輕的女鋼琴師讓娜。1883 年，他非常浪漫地把她拐走了。這位不幸的女人得知他已經結婚時，實在太晚了；讓娜的母親氣得發瘋，到處搜尋這個誘拐婦女的傢伙。一天，

恰好撞到凡爾納的門上。凡爾納態度很不友好地接待了她。

　　凡爾納極為失望，轉而支持那位被遺棄的迪加宗，並關照她獲得一份撫養金。好在迪加宗非常明智，當她知道讓娜比她還要幼稚無知時，她為她的處境所感動了。她通情達理，自動退隱，並同意離婚。米歇爾因此得以娶讓娜為妻。

　　這位新娘從迪加宗的遭遇中吸取教訓。她賢惠而有邏輯頭腦，她打算此後只憑理智去解決遇到的各種問題。

　　家庭關係恢復正常。凡爾納很快便發現，這個兒媳是一位大意神授的同盟者。米歇爾的第三個兒子出世時，關係變得更為親密，以致他跟在布列塔尼的奧諾麗娜一同前往福爾貝里，米歇爾在那裡租了一所房子避暑。凡爾納在那裡覺得挺舒心，原先只打算待一個星期，後來竟住了一個月。家庭又恢復了和睦。

　　在這段時間，凡爾納又創作出了《綠光》。《綠光》寫得非常優美，但跟使《奇異旅行》獲得成功的其他作品的情調大不一樣。這部「英國小說」敘述的是一個非常規矩的愛情故事。凡爾納將這種毫無意義的豔遇穿插在他對蘇格蘭這個他所熱愛的國家進行旅行的回憶文字中，但這次卻遠沒達到通常的那種效力。

　　這部小說雖然題材單薄，但借助對蘇格蘭和赫布里底群島海岸風光的描寫和對這些地區的歷史及傳說的回憶，因而並不顯得矯揉造作。此外，對芬格爾洞窟也作了非常出色的描述。

　　這部小說標誌著凡爾納的生活正處在一個相對安逸的時期。1882 年，他暫時地被平靜下來的生活吸引住了。他的遊船隨時可供他使用，他因為米歇爾的事，已經整整兩年沒進行海上游覽，因此很想趁機會補償一下。

　　正是這個時期，凡爾納在夏爾杜布瓦街租了一所更為寬敞豪華的房屋。奧諾麗娜非常高興，這下她可以在不那麼狹小的客廳裡接待她的亞眠朋友，而且再也用不著為自己住家的寒酸而感到羞愧臉紅。

　　凡爾納還以米歇爾為原型，創作出了《固執的凱拉邦》的故事：

　　　　凱拉邦不願意支付通過博斯科爾海峽所需的少量稅金，在黑海兜了一圈，以便能夠設晚宴招待他的朋友范·米滕。當然，他碰到種種奇遇，因而使這次黑海之遊充滿生氣。

　　　　這位專斷的土耳其人的姪兒阿赫默德很快就要跟美麗的阿瑪西婭成親。而阿瑪西婭只有在 17 歲以前結婚，才能享受遺囑的繼承權，因此，凱拉邦必須在這一期限之前趕回斯庫臺，好讓那位女孩能在合適的時間完婚。

　　　　凱拉邦行色匆匆，但他不願意使用任何現代的交通工具，因而行進速度相當緩慢。儘管阿瑪西婭住在敖德薩她父親銀行家塞利姆家裡，但凱拉邦甚

至不肯在敖德薩稍作停留，而只把他的姪兒阿赫默德帶走。他還有最要緊的事兒：趕回斯庫臺的別墅接待他的朋友。

安納托利亞的一位領主沙法爾趁機將他垂涎已久的這位漂亮女孩搶走。在這一事件中，女孩的父親受了傷。一隻單桅三角帆船載著阿瑪西婭和她的女僕，向沙法爾的後宮駛去。

凱拉邦對這起悲劇事件一無所知，帶著他的姪兒和朋友繼續在黑海遊覽。他這位朋友是個荷蘭人，名叫范·米滕，性格隨和，但又容易動怒。

途中，范·米滕告訴凱拉邦說，他到土耳其的唯一目的是要躲開他的妻子：他跟他妻子大鬧了一場，然後分居了。這場爭吵付出了很高代價，兩夫婦竟將他們收集的全部鬱金香形飾物拿來互相拋擲！

凱拉邦是個鐵石心腸的單身漢，他趁機指出，穆罕默德非常了解「迷人的女性，因而允許他的信徒能娶幾個妻子就娶幾個妻子。管10個女人比管一個女人還要容易。但更為省事的是，一個女人也不要」。

因受到一場猛烈的暴風雨的突然襲擊，這幾位旅客不得不到阿蒂納航燈站的小屋裡躲避。阿赫默德在一艘行將沉沒的三角帆船上隱約辨出阿瑪西婭和她的女僕。

阿赫默德終於救出了這兩個女孩。但帆船的船主也脫險逃生，跑去報告正在特拉布松等他的沙法

滄海落日

爾領主和他那位死心塌地的心腹手下斯卡龐特。

斯卡龐特在一個客店裡讓凱拉邦落入圈套，將他們一行帶入一個性情暴躁的庫爾德寡婦的房間裡。這位寡婦正在物色第四位丈夫，因此指控他們企圖侵犯她。

范·米滕面臨受拘禁入獄的威脅，被迫答應娶這位悍婦為妻。這並不會引起嚴重後果，至少在歐洲是這樣，因為他已經結婚了。

後來，這支旅隊進入一條狹谷而受到沙法爾手下兵卒的襲擊。不過在此之前，阿赫默德曾瞞著凱拉邦，從特拉布松給阿瑪西婭的父親拍了一份電報。塞利姆派來大隊人馬，終於將旅隊從伏擊圈裡救了出來。

一切完滿結束。沙法爾、斯卡龐特和那位充當人販子的船長全部被殺。到了斯庫臺，凱拉邦要讓那對年輕人舉行婚禮。這時他才得知，婚禮只能在君士坦丁堡舉行！因此，他還得付稅才能到那裡去。

當然，固執的凱拉邦不願付稅，他設想坐上一輛小車，由一位可與布隆登相匹敵的走鋼絲雜技演員推送，從架空索道渡過海峽。兩位年輕人終於成親了。凱拉邦購買了全部空中滑車的稅權，免得今後再付稅。

這是一部歌頌英雄的帶喜劇性的小說。凡爾納撇開原先打算周遊地中海的計畫，是因為他認為原先的計畫缺少情節，從

220

某些方面看是幼稚的。因而必須以另一方式處理這個題材。

　　但凡爾納後來發現，也只能在同樣困難的條件下完成他的黑海之遊。阿瑪西婭和她的女僕是聰明而稚氣的女孩。阿赫默德本人在旅行結束後雖然變得堅強起來，但仍然難以使人忘掉他的呆板平庸。

　　轎式馬車遭到野豬的襲擊，在「噴發泥漿」、氫氣會燃燒的火山地帶穿越塔曼半島，阿蒂納的暴風雨，內里薩峽谷發生的戰鬥等，都沒賦予這些冒險事件以充分的力量。

　　使這次旅行顯得頗有生氣的不完全是冒險事件本身，而是對話的運用。在創作時，作者不知不覺地運用起戲劇的筆法，使文章中充溢著敏捷而激烈的答辯。指責結婚帶來約束的那一段就有許多生動的對話，但這段文字並不表達對女人的憎惡。「迷人的女性」仍保持其全部的磁力，而且，女性十分有能耐，完全可以控制住以冷酷掩蓋其弱點的男人；同樣，女人也以風韻或溫情去掩飾自己那種渴望主宰的稟性。

　　事實上，該書的真正主題是凱拉邦。他既是中心人物，又是個具有蔓延性的角色，他是固執、荒謬的寫照。他喜歡鬧彆扭，違抗任何約束，以不受管制、甚至透過暴力獲得的權力意志為基礎，無時無刻不在發洩自己的不滿。凱拉邦相信自己總是有理，若事實證明他錯了，他便勃然大怒。

　　因為多年來，凡爾納的腦海裡一直有一個使他產生各種憂慮的年輕人晃來晃去：他雖然不是傻瓜，但做的全是蠢事；

他生來就是叛逆者；他不能容忍任何阻礙；他頑固地要作那些毫無出路的事情；為了尋求衝撞良知的樂趣，他支持各色的辯論；他不容忍自己做到合情合理，但他寬厚仁慈、豁達奔放。總之，這是一個令人費解的人物：他的兒子米歇爾。

1885 年前後，米歇爾創辦了一個企業。他所作出的努力使他父親大為驚訝。不幸的是，由於對商界缺乏經驗，他竟遇到麻煩，使家裡損失了 30,000 法郎。此後，他在報界摸索過，也在文學界闖蕩過。

凡爾納和赫澤爾高興地發現他很有才華，但又痛心地發現他毫無耐性。

凡爾納的收益在逐年減少，迫於經濟拮据，家庭開支入不敷出，1886 年 2 月 15 日，他不得不以 23,000 法郎，賣掉了心愛的「聖米歇爾 3 號」。這對凡爾納也是個不小的打擊。

從此，凡爾納的海上生活這一頁永遠地翻過去了。

意外遭到姪子槍擊

凡爾納於 1886 年 2 月 15 日以 23,000 法郎低價賣掉「聖米歇爾 3 號」之後，心中空蕩蕩的，悵然若失，從此與大海隔絕，其情淒淒，其苦昭昭，使凡爾納永遠無法恢復過來了。

常言道，福不雙至，禍不單行。凡爾納尚未從打擊中甦醒過來，又一次更大的打擊迎面而來，從此他的健康情況急

轉直下，永遠地把他禁錮在亞眠。

1886 年 3 月 10 日，在巴黎的老赫澤爾正打算在蒙特卡洛恢復　下他那虛弱的身體，突然他接到凡爾納的律師羅貝爾·戈德弗魯瓦從亞眠發來的一份電報：

> 今天下午 17 時 30 分，得了精神病的加斯東向朱爾·凡爾納開了兩槍。僅有一彈命中。凡爾納腳部受了傷。我希望不是很嚴重。望您速來。

朱爾和保爾兩兄弟素來相親相愛。他兩個的年紀相差不大；他們在同樣的學校接受培養，而且具有對航海和音樂的共同興趣。

而且，他們兄弟兩個所走的兩條道路是呈平行性的：保爾是海軍軍官，做過許多旅行，遊遍世界各大洋。他到過安的列斯群島，參加過克里木戰爭。

他的軍人生涯因一位未婚妻的要求而中斷了，這位未婚妻要他辭職，但當他順從這種要求時，她又把訂婚戒指還給了他。保爾不得不謀求一種職業，在南特當了證券經紀人。

1859 年，他跟祖籍布盧瓦的梅斯利埃小姐結婚。梅斯利埃太太經常帶著她的 4 個女兒去波爾多，住在「四姐妹公館」裡。

加斯東是保爾的兒子，凡爾納十分鍾愛這位姪兒，他那嚴肅的性格正好跟他兩位弟弟的輕浮和米歇爾的魯莽形成鮮明對照。

加斯東也曾非常喜愛他的伯父，這小夥子不僅僅做過伯父航遊中的旅伴，而且還忠實地寫下那次地中海之行的日誌。

後來，加斯東到外交部門任職，繁重的工作使他的精神崩潰了。這位處事似乎很有條理的姪兒卻突然地精神失常。他到布盧瓦參加了一位表妹的婚禮，旅行歸來時，他突然產生要到亞眠的怪念頭。他跟姑母一起從布盧瓦回來，半路上，他說要去理髮，下車走了，以後便再沒露頭。

3月10日下午，凡爾納正在返家的途中，他從巴黎路拐過來，步入通往家門的路。燈光下，年近六旬的凡爾納依然精神抖擻，面容英俊端正，溫雅恬靜，寬大的額頭襯著灰白的鬢髯，嘴唇緊抿著，更顯得莊重而剛毅，只是兩隻眼睛中露出淡淡的憂傷，他昂首闊步，半新的黑禮服一塵不染。

正當凡爾納要去開那扇對大門時，加斯東突然出現在他身邊。加斯東說，有人正在追他，要伯父保護他免遭敵隊的襲擊。凡爾納肯定地對他說，他後面根本沒人追來，但他並不相信：「呵！連你也不想保護我！」加斯東喊了一聲，隨即拔出手槍對著他伯父扣動扳機。

當時，第一顆子彈打在石階上；第二槍擊中他的腿部、子彈嵌入脛骨。但醫生當時說，傷勢不會產生嚴重後果。子彈尚未取出，說不定今後也無法取出。他不覺得疼痛。大夫將安一個儀器給他把傷腳固定直至痊癒。

　　當老赫澤爾接到電報時，由於他身患重病，生命垂危，小赫澤爾也正守在他身邊。

　　保爾聽到這個消息之後，他立刻從盧布瓦趕到亞眠。一開始，家人向外沒有提到兇手是加斯東，但這個消息不久還是傳開了。

　　無論當時加斯東出於何種動機，但加斯東顯然是精神錯亂。他被送去觀察，後來還住了醫院。

　　加斯東一直住在醫院，等待對他進行檢查的醫生作出的決定，況且，這個可憐人實在不幸。這給全家造成莫大的悲愁。

　　凡爾納的傷勢非常嚴重，他當時就痛得暈了過去，等他再次醒來時，已經是第二天中午了。他正躺在自家床上，奧諾麗娜飽含熱淚，米歇爾也在身邊。醫生說，傷口開始化膿，子彈已無法從關節部取出，彈傷造成嚴重後果，可能致使他終身殘疾。

　　當凡爾納還在臥床養傷時，他突然接到消息說，赫澤爾於 1886 年 3 月 17 日在蒙特卡洛去世。接到赫澤爾亡故的噩耗，凡爾納一下子呆住了，好半天一言不發，而後聲淚俱下。

　　他這位老朋友的虛弱體質對他來說不是祕密，但蒙特卡洛曾多次使這位體弱多病的人恢復體力。因此，他對病情時輕時重的赫澤爾已經習慣了。赫澤爾到他特別偏愛的地方住

上一些日子，往往又變得精神煥發。這一回，精疲力竭的赫
澤爾終於病故。

赫澤爾的葬禮將在巴黎舉行，凡爾納不能親自參加。但
他遭到槍擊後的第一封信便是寫給小赫澤爾的。他向赫澤爾
夫人和小赫澤爾表達了自己和奧諾麗娜的悲痛之情。

小赫澤爾繼承了他父親的事業，凡爾納跟老赫澤爾保持
過的聯繫，今後還要跟小赫澤爾繼續保持下去。但位置倒過
來了，小赫澤爾不是作家斯塔爾，而凡爾納是從兒時便看著
他長大的兄長。他們透過一位父親的亡靈，對一個是親生父
親，對另一個是精神父親，互相間產生了一種兄弟般的情
誼。他們一直相處得很不錯。

由於接二連三的不幸事件的發生，不僅使凡爾納心境不
佳，影響健康恢復速度，而且傷口還繼續惡化，到 6 月仍未
癒合。10 月，醫生允許他出外散散步，12 月分又限制他的
活動，不允許他走動，只好臥床靜養。

新的一年來了，並沒帶來好運，1887 年 2 月 17 日，凡
爾納的母親索菲去世，這位凡爾納家族的「老祖宗」享年 86
歲。作家的傷情無轉機，只好讓奧諾麗娜隻身前去南特處理
善後。於是，凡爾納「這個人口如此眾多的大家庭的最後一
線聯繫也斷了」，致使這半殘的作家一夜之間衰老了許多。

幾個月後，當凡爾納剛剛好轉，能夠下地走動的時候，

就倚著奧諾麗娜到南特處理老宅。他已闊別 40 年的故居，如今已空蕩蕩的。他從一個房間走到另一個房間。每一件器物都喚起他對往事的回憶。當他最後扣上這幢老宅大門鎖頭的時候，他內心一陣痛楚：他的生命又一頁，已經翻過去了。

凡爾納離開南特，從此再沒有回來過。他隨身帶著從妹妹那裡拿來的母親肖像作為紀念。

雖然不幸的事件接踵而至，但凡爾納並沒有被徹底打垮。他才只有 59 歲，雖然身體受到了巨大的傷害，但他的思想仍和以往一樣充滿活力。他一定會奮鬥不息。

與衰老和疾病抗爭

1890 年，凡爾納覺得自己這一年要經常去醫院治療已經積勞成疾的身體，影響了工作，已經變得碌碌無為。他對自己說：「只要我能工作，我就不會再有所抱怨。」當他身體剛剛恢復了一些，他又投入了工作。

小赫澤爾向凡爾納陳述了自己作為出版商所遇到的困難：大眾不再喜歡閱讀。

凡爾納卻相反的認為，大眾很喜歡閱讀，不過被連載小說填飽了，這大概就是單行本銷售情況不佳的一個原因。他接著說：「我還有幾部作品要寫，因而對此感到非常遺憾。我個人認為，這幾部作品將以小說的形式完成對地球的描繪。」

　　凡爾納完成了《布拉尼康夫人》。他非常明白，Mistress 不是英國人使用的字眼，但他在狄更斯的作品中經常碰到這個字，這說明還是有人在使用這種表達方式的。他信中談道：「您給我談到 Mistress 這個字，這使我感到沮喪。我一直堅持使用這個字眼。對英國讀者似乎有些礙眼，但對法國讀者或許並非如此。」

　　他以一種明顯的樂趣描寫這位勇敢的女人去尋找自己的丈夫所經歷的驚險遭遇。一開頭，關於弗蘭克林號準備起航的描寫，讓凡爾納恢復了原先的那種興致。

　　由約翰·布拉尼康船長指揮的、從聖迭戈出發的那艘三桅縱帆船，在新加坡中途靠泊後，即將開往加爾各答。這次航行本來不會出現任何困難。

　　遠航歸來後，約翰·布拉尼康將跟他的妻子多莉和小兒子瓦特相聚；這只不過是一次為時幾個月的別離。

　　一艘由埃利斯船長指揮的本達里號航船到達聖迭戈，帶來它跟弗蘭克林號相撞的消息。根據蘭·伯凱的妻子、其堂妹珍妮的建議，多莉到本達里號船上打聽她丈夫在這次海上相撞事故中的詳細情況。將她送往「本達里號」的小艇因操作不慎，不幸將她和懷中的嬰兒一同拋落大海。一位具有獻身精神的水手把母親救起來了，但經多次努力，始終無法找到孩子。

　　多莉因兒子之死而失去理智；珍妮整日守候在她床前；
這麼一來，便將她丈夫也引入布拉尼康的家裡來。嚴格控制
他妻了的蘭‧伯凱是個心術不正的惡棍。

　　他正面臨絕境，因而毫不猶豫地要利用當前的時機。成
了這位精神錯亂的不幸女人的保護人之後，他趁機企圖奪取
她僅有的一點財產。在得知她將成為家財萬貫的伯父的繼承
人後，他便圖謀插手有希望得到的遺產。

　　其實，珍妮是被認為沒有子嗣的寡婦多莉的當然繼承
人。那位百萬富翁的伯父的遺產將透過她而落入伯凱夫婦的
手中。當他發現多莉已經有孕在身時，這項計畫瀕於破產。
他非法地將她關禁起來，孩子生下來後，伯凱連忙將他拋棄
在大路上，這樣，珍妮將永遠是多莉的繼承人。

　　在可能被捕的情況下，他帶著嚇呆了的妻子一起逃跑。
船主安德魯接替他履行保護人的職責，並發現了他的舞弊
行為。

　　時光匆匆而過，「弗蘭克林號」一直杳無音訊，人們都
以為它早已葬身大海。過了 4 年，多莉在得到悉心照料下恢
復了理智。她得知丈夫遇難和伯父去世而即將獲得一筆巨大
財產。

　　但她並不認為自己已經喪夫。她打算用自己的這筆財產
去遠征，以尋找她丈夫和他的船員。

多莉做了兩次嘗試均一無所獲,但這兩次遠征畢竟使她了解到「弗蘭克林號」曾偏航撞在帝汶海西側的布魯斯島的礁石群上,5名船員的屍骸和「弗蘭克林號」的鐘都在該島上找到了。一切希望盡皆落空。可是,布拉尼康夫人對在聖迭戈上船的9名海員的命運仍存在疑問。

「弗蘭克林號」的大副費爾頓被找到了。他在澳洲生命垂危的消息將原先的結論全部推翻。布拉尼康夫人立刻動身前往雪梨。

費爾頓住在海員醫院,生命危在旦夕。經詢問,費爾頓在嚥氣前透露說,船長倖免於難,但被澳洲北部的遊牧部落印達斯人俘虜囚禁。

勇敢的布拉尼康夫人隨即帶領一支遠征隊從阿德萊德出發去尋找這個部落。

一位年輕的見習水手戈德弗雷終於追上這支旅隊。很奇怪,她覺得這位見習水手很像約翰·布拉尼康。相互關切使這位青年跟因生育而身體虛弱的母親連繫在一起。

蘭·伯凱幾經周旋,到達澳洲中部,在布拉尼康夫人旅途中的預定地點找到了她。多莉因重新見到珍妮而高興,同意讓伯凱夫婦加入遠征隊。

在穿越大沙漠時,布拉尼康夫人及其一行經歷了種種不堪設想的危難,個個精疲力竭,正要到達目的地時,卻遭到

一場風暴的猛烈襲擊。

蘭·伯凱卻趁機背叛，他鼓動黑人護送隊逃跑，帶著馱載糧食的駱駝和贖身金，到達了印達斯部落，並使約翰·布拉尼康獲釋。

蘭·伯凱隨即想殺害約翰·布拉尼康，幸虧一隊值哨的警察及時趕到，救出了布拉尼康夫人及其同伴，解除了殺人犯的武裝。前去偵察的戈德弗雷突然出現，向約翰·布拉尼康揭露了伯凱的背叛行為。一顆子彈了結了這個無恥之徒。

珍妮卻被丈夫嚴重擊傷，大夥找到她時，她已經奄奄一息，臨死前，她終於吐露了真情。原來，戈德弗雷正是布拉尼康夫婦的兒子，是多莉在精神錯亂期間生的。

在這部小說中，布拉尼康夫人冒著生命危險，從南至北踏遍了整個澳洲，這條路線迫使她經受穿越大沙漠的各種考驗。對於這位女人來說，這的確是一個真正的鍛鍊機會。多莉具有非凡的毅力，她的女性特徵僅僅表現為她對約翰的愛情和她的母性本能。

布拉尼康夫人除這些特質以外，還有決心，有明敏的智慧。珍妮的主要特性恰恰是缺少這些特質。

凡爾納小時候寄居的房東桑本太太，曾因當船長的丈夫在海上遇難而悲痛欲絕。他在聽到桑本夫人哀嘆時，還是一個年紀幼小的孩子。凡爾納現在根據自己的想像加以發揮，

使對這個故事的記憶重新浮現在他的腦際。

跨入花甲之年的凡爾納，一邊是奮鬥，一邊是思考，他的思考包括兩個方面：對科學熱烈的暢想和對自己人生平靜的回味。

在思考中，使凡爾納擔憂和悲痛的，不僅僅是個人和家庭遭受的挫折和不幸，他還為人類社會命運的前途莫測、科學技術成就被用來危害人類本身而憂心忡忡。

進而他明白，過錯不在科學技術本身，也不在發明家和科學家身上，而是那些貪得無厭的資本家的罪過。

他傷癒之後這幾年，發明家的形象又出現在他的小說中。然而，此時的發明家再也不是昔日那種生機勃勃、樂觀向上的新世界開拓者和建設者的英雄形象，而是資本家卵翼下的奴僕。

從前，凡爾納曾夢想過科學技術和工業化能給人類社會帶來好處，認為這樣的社會能從自然界獲得財富，從而改善人類生活。

後來凡爾納認識到，在現有制度下由於對財富的無止境的追求，必然導致少數人中飽私囊，多數人只能得到殘羹冷飯，並預感到「以大部分人的貧困為代價換取一小部分人的虛假繁榮，必然導致混亂和戰爭」。

1892 年，凡爾納發表了一部相當古怪的小說：《喀爾巴阡城堡》。

　　拉‧斯蒂拉是一位才華橫溢的歌手。她的歌喉常常喚起聽眾的熱情。而且她「美貌絕倫，披著一頭金黃色的長髮，長著一雙閃閃發亮的烏黑、深邃的眼睛，容貌端莊，膚色紅潤，用伯拉克西特列斯的鑿子興許也雕琢不出這樣的身材。一位卓越的藝術家從這個女人身上充分體現出來了」。

　　一位欣賞者每場演出都到場，對她的歌聲百聽不厭，他像影子一般從這個城市跟隨她到那個城市。

　　而這個神祕人物是戈爾茨男爵，他的出現使斯蒂拉實在難以忍受。

　　年輕漂亮的泰勒克伯爵恰好路經那不勒斯，他也為這位藝術家的才情、尤其是為這位女人的美貌所傾倒。他狂熱地愛上了她，並提出要跟她結婚。

　　斯蒂拉能用各種音調聲情並茂地表達溫情，歌唱靈魂中最強烈的情感，而其心靈卻從未體驗過這些情感的影響，只希望在藝術中生存。僅為藝術而生存的偉大的藝術家，居然心甘情願地接受了泰勒克伯爵的求婚。因為這位年輕伯爵所擁有的財產將使她能離開舞臺，擺脫那位對她糾纏不休的戈爾茨男爵。

　　關於這樁婚事的流言迅速傳開，斯蒂拉最後一場演出的消息也公布出去了。觀眾為此而悲傷，戈爾茨男爵為此而氣憤。

　　告別演出正在進行。斯蒂拉的歌聲比以往任何時候都更加動人。但一看見她所憎惡的戈爾茨男爵突然出現，她一下

子嚇呆了。她心緒麻亂。這時,她的歌聲戛然而止。

她倒在臺上,因胸部的一條血管繃斷,當即死去。戈爾茨男爵給他的情敵留下一封帶威脅性的信:「殺害她的是您!您該倒楣了!」然後便遠走高飛。

泰勒克伯爵天天待在他的家族城堡中,過著憂傷悲憤的生活。他頭腦裡經常出現未婚妻的形象。

泰勒克過了幾年隱居生活後,為了排遣內心的痛苦,他決定去進行一次旅行。到了喀爾巴阡地區後,他到一間鄉村客棧要求借宿。他聽說那座殘敗的城堡常有鬼神出沒,當地居民終日惶恐不安。

人們告訴他:在這座城堡裡的確經常發生一些古怪現象,各種聲音甚至一直傳到客棧大廳。

泰勒克伯爵認為這些都是迷信,心裡不以為然。

一個年輕的森林看守人、法官科爾茨的女兒的未婚夫,在當地一位很大膽的人的幫助下,冒險去察看這座舊城堡。他剛到達吊橋便受到一股神祕力量的襲擊,因而半身麻痺、沮喪地折回來了。至於他那位勇敢膽大的同伴,竟呆立原地無法動彈。

泰勒克意欲親臨現場,好讓城惶誠恐的村民放心。當他聽說這座城堡屬於他的情敵、已失蹤多年的戈爾茨男爵時,他心裡竟產生了莫名的不安。他似乎覺得,自己插手此事顯

然不大合適。正當他朦朧入睡之際，他聽到了斯蒂拉的歌聲。他不再躊躇，終於下定了決心。

就這樣，他上路向高踞於一座陡峭的山岡頂上的舊城堡走去。

當泰勒克走近城堡時，夜幕降臨了，他在城堡的土臺上隱約發現一個身影 —— 拉·斯蒂拉的身影。

泰勒克一直深信斯蒂拉依然活著，不過被控制在男爵的手中。吊橋落下來了，他毫不猶疑，立刻向城堡衝去。剛走幾步，吊橋升起，折向一條暗道。他成了喀爾巴阡城堡的囚徒，在幽暗隧道的迷宮中迷失了方向。

泰勒克經過許多周折，他終於透過一條罅隙，看清一間破舊的小教堂的內部。戈爾茨男爵正在教堂裡跟他的死黨奧爾法尼克閒聊。奧爾法尼克是個懷才不遇的發明家，他透過電來產生各種神祕現象，以便將過於好奇的村民遠遠嚇走。祕密架設的一條電話線，使戈爾茨男爵能夠隨時聽到客棧裡顧客的談話，還可以讓村民聽到各種他安排好的聲音。

從戈爾茨和奧爾法尼克在小教堂的交談中，泰勒克不僅了解到他們的發明祕密，而且曉得這兩個傢伙已經決定在他們逃走後，把即將受到警察襲擊的城堡炸掉。

泰勒克為防止戈爾茨在逃走時將似乎失去理智的斯蒂拉帶走，他千方百計潛進一間客廳，發現男爵正獨自坐在圓椅裡，

面對一個舞臺。斯蒂拉在舞臺上出現，正在演唱優美的歌曲。

泰勒克伯爵向斯蒂拉衝過去，斯蒂拉雙目炯炯地盯視著他。這時，戈爾茨撿起泰勒克掉落在地的匕首，大喝一聲：「你竟敢從我手裡把她奪走！」隨即用匕首向斯蒂拉的心房刺去。

隨著一隻鏡子被擊碎的響聲，斯蒂拉也消失不見了。原來，這不過是一幅圖像！

戈爾茨又說出一句令人費解的話：「斯蒂拉再次從泰勒克的手中逃脫了，但她的聲音永遠屬於我一個人。」

說時遲，那時快，戈爾茨抓過一隻匣子，用雙臂緊緊抱住，迅速地衝出大廳。

恰在這時，一位襲擊者鳴槍，子彈將這個匣子擊碎了，戈爾茨極度失望，邊逃跑邊高喊：「她的聲音，她的聲音，他們給我砸碎了她的聲音！」原來，這個聲音是一種錄音！

預定的爆炸發生了，喀爾巴阡城堡變成一片廢墟，戈爾茨是第一個、也是唯一的一個受害者。奧爾法尼克及時地逃脫了。

泰勒克則成了瘋子，口中喃喃有詞，不斷重複斯蒂拉演唱的最後樂章的歌詞。奧爾法尼克把斯蒂拉的錄音讓給他，當他聽到這位鍾愛的女人的歌聲時，他終於恢復了理智。

泰勒克狂熱地愛著斯蒂拉，而且一直熱烈地愛著她。他所愛的是斯蒂拉本人，如果說，他因聽到她的歌聲而恢復理

智，那是因為這歌聲使他想起他的心上人。

而戈爾茨同樣一直熱烈地愛著她，但他所愛的是她那作為藝術家的才華。他是個純粹的音樂迷，他愛的是一種歌聲，聽不到這歌聲，他簡直無法生活下去。

《喀爾巴阡城堡》這部作品，是凡爾納向所愛的對象表示的一種敬意。他愛她，但並沒對她直言，而且自己也並不承認。這是雙方都沒表白過的愛情，因為斯蒂拉也沒向任何激動表示過讓步。

到了晚年，凡爾納發現自己不再願意為一個女人的微笑而犧牲自己的事業。他在《喀爾巴阡城堡》中表達了這種感情。

其實，早在凡爾納 1889 年寫給小林澤爾的一封信中，他就曾暗示說，《喀爾巴阡城堡》已寫好很久，他借拉・斯蒂拉的形象提起的那位讓他深深眷戀的女人，大概死於 1886 年。

1896 年，已經 66 歲的凡爾納，如果不是因為那只跛腳，他依舊健朗得很。他的臉上不少部位都使人想起了維克多・雨果。他就像一位受人尊敬的老船長，臉色紅潤，生活充實。一隻眼皮微微下垂，但凝視出的目光堅定而有神，整個人散發出來自心底的善良和仁慈的馥郁之氣。

這種品性，多年前埃克多・馬洛筆下的一個主角也曾有過。馬洛這樣寫道：「他是一個再好不過的傢伙了。」這同時

也是那個冷淡且潛藏起和大仲馬兄弟般的情誼，儘管大獲成功，但從未樹過真正意義上的私敵的品性。但不幸的是，他的健康問題困擾著他。近些日子，他的視力漸漸衰退，以至於他無法自如地揮動筆桿，胃痛也不斷地折磨他，可他仍如從前般堅毅。

「我已寫了 66 卷作品」，他說，「如果上帝準予，我想寫到 80 卷。」

1897 年 11 月 9 日，凡爾納寫信給小赫澤爾說，他就像一部機器那樣一直在有規律地運轉著，他絕不會讓機器熄火，這的確沒誇大其詞。他把 1894 年便已經寫好，但在抽屜裡整整放了 3 年的《美麗的奧利諾科河》的手稿翻了出來，給小赫澤爾寄去了。

這年年底的最後幾天，凡爾納對這部作品的校樣做了一次修改，並答應再覆審一次；1898 年 3 月 4 日，他指出在奧利諾科河的那份地圖上還應作一處更正。

他竭盡全力去對付歲月和疾病給他的摧殘，1899 年 3 月 14 日，他懷著失望的心情寫道：「但這並沒妨礙我全力以赴地進行工作。要是不工作，我將會變成什麼樣子呢？」

儘管如此，凡爾納那漸漸衰弱的身體還是多次向他發出警告：雖然你此時剛過花甲，卻已過早跨入垂暮大門。

由於腿傷久治不癒，他不得不倚手杖行走，一跛一拐，特別吃力；由於糖尿病和白內障，一隻眼睛完全失明，另一

隻視力大大減退，讀書寫作十分吃力。

雖然如此，又被困在邊陲山城，與外界接觸減少，視力日益衰退，他卻心明「眼亮」，對紛繁世界本質的認識越來越透徹。

每天黎明，甚至在黎明之前，他就起床開始工作，11時左右，他出外散散步。簡單用過午餐之後，他吸一支雪茄；他背著光坐在圈椅裡，用鴨舌帽保護著雙眼休息一下；他默默地凝神靜思。然後，他邁著艱難的步伐到工業品公司去翻閱期刊；隨後再到市政廳去。

他有時也會到大學俱樂部或聯盟俱樂部去。最後，他在自家門前的林蔭道上散 下步就回家去。吃過晚餐之後，他在床上休息幾個小時，如果睡不著，他就會做填字遊戲。

有幾位朋友偶爾會來拜訪他。他始終是那麼平易近人。如果他對某個問題產生興趣也會興奮地談論一番。他生活十分儉樸，而且無視社會上的輿論，如果他在大街上走累了，他就會隨便找一家門前的臺階坐下來休息。

他在平時故意保持沉默，千方百計地躲開無謂的爭論，以免因此而擾亂他的安靜。他要發表意見時，總是經過深思熟慮之後才開口。

凡爾納不愧是生活中的強者，他自強自立，自律甚嚴，不被病痛壓倒，也不向挫折屈服。他抑制住心頭的悲憤，強忍疾患痛苦，全身心地投入到創作中，尋找失去的自我。

當他一隻眼已完全失明，另一隻眼勉強能看見東西的時候，靠頑強的毅力：

> 我寫得慢而認真，寫了又改，直到每個句子是我渴望的為止。我常常使自己事先在腦中斟酌至少10部小說的主題和情節。因此您可以想見，若是我有多餘的時間，我能毫不費力地完成我前面所提的80部小說，只是我在校樣上花的時間太多了。

> 校樣不少於7次或8次我絕不滿足。在反反覆覆的修改後，毫無疑問，在最後的定稿中您已經看不出初稿的任何一絲痕跡。

> 我知道，這是金錢與時間的巨大犧牲，但我需要盡自己所能構建自己文章最美的型態，儘管人們從未在這方面公正地評判我。

同時凡爾納「盡力把字寫得清楚易辨，蒼勁有力」；當他寫字的手因痙攣而麻木，用半個身子趴在寫字臺上才不致倒下去的時候，仍筆耕不輟。

在凡爾納那間獨具匠心的屋子裡，人們看到，他的一側是一摞校本第六稿，他對著另一份長長的、客人此前興致盎然地看過的手稿補充道：「這個不過是一份我將要在自己身為一名議員的亞眠市政議會上講演的報告而已。我對這座城鎮的事務十分關心。」

在《北方反對南方》、《喀爾巴阡城堡》、《拉孔達的微

笑》和《機器島》中，他又部分地恢復了昔日的活力，雖然前兩部書帶有濃重的悲劇色彩，但是他在《機器島》中又恢復了幽默感。

凡爾納只有在創作中才可以傾訴他心中的積鬱和悲憤，才可寄託他的期盼和理想，他只有在創作中才能擺脫現實的煩惱，沖淡或暫時忘卻他的憂慮和不安，忘卻身上疾病的痛苦折磨。

1895 年，小仲馬，那位自認「很久以來一直愛著您、把我稱作您的兄弟」的好友，也離開了人間，無疑給他帶來一份憂愁。

1897 年 8 月 27 日，凡爾納的弟弟、也是他最要好的朋友保爾病故。因為自己病重，他沒有能參加保爾的葬禮。弟弟的死，對他打擊太重了，幾乎難以承受。他給姪兒莫里斯的信中說：「絕沒想到你父親先我而去。」

此後，凡爾納的健康每況愈下，劇烈的頭暈、胃擴張、風溼痛、氣管炎、哮喘、糖尿病折騰得他四肢無力，心灰意冷。「我很少出門，變得像從前那樣深居簡出。年歲、殘疾、病痛、憂慮，所有這一切使我變成一塊鉛錠。」、「我寫起東西很吃力，但這沒有妨礙我努力工作。」

儘管如此，凡爾納仍咬緊牙關進行創作，他依舊像「一部上足了發條的機器那樣有規律地運轉」，「依舊搧動著幻想之火」，並「絕不讓它熄滅」。

病情惡化與世長辭

1900 年 5 月 16 日，凡爾納決定放棄夏爾杜布瓦街他住了 18 年的那幢「空氣沉悶而又冷冷清清的大房子」，搬回到朗格維爾街 44 號他原先住的那個住家。

凡爾納對奧諾麗娜說：「親愛的，我覺得這個房子現在對我們而言實在太大了。」

奧諾麗娜那時已年屆 70 歲，熱衷於社交活動的年代已經過去了，她也深有同感：「的確是這樣。」

「尤其老管家去世之後，這麼大的房子裡只有我們兩個老人，感覺更是淒涼。」

「唉！是啊！」

「你還記不記得我們剛到亞眠時住的那個家？」

奧諾麗娜笑了：「怎麼不記得，當時我們還嫌它太小了。」

凡爾納苦笑著說：「我們還是搬回那裡去吧！雖然我很喜歡這裡，但現在沒有人照顧我們，這座樓房也的確太大，難以保證取暖，它已經不適合我們了。」

奧諾麗娜當即同意：「好吧！」

他們搬家的時候，凡爾納並沒有把所有的東西都搬走，他故意留下了許多紀念物。三年前，他就已經毀掉了大量的信件和手稿、帳簿等。他想在自己有生之年就讓這些東西銷聲匿跡。

轉眼間，他們又生活了四五年。凡爾納雖然還在不停地工作，但他的身體卻越來越差了。

歲月在流逝，他知道自己能活的年頭實在不多了。他覺得自己四肢不大靈活，仍然管用的只有自己的腦子。

青年因為沒有過去，他只憧憬未來；老人，再也沒有明天，總是願意回憶過去。凡爾納確實到了對自己作出總結的年歲。在這份總結表上排列著各種挫折和成功，而挫折所占的分量實在太大了！

童年和少年時代諸多美好回憶，總是難以忘懷，還有尚特內的田原風光，還有那個捉蜥蜴的小山崗，那次離家出走又被父親追回來，自己多麼幼稚啊！還有卡羅利娜，那位使他人生第一次遭受愛情挫折的小表姐，她那姣好的面容，婀娜多姿的體態，輕顰微嗔，回眸凝視，如今仍歷歷在目。

雨果初次接見，大仲馬的青睞，巴黎歌劇院，《折斷的麥稈》在南特上演的得意忘形，多麼可笑。已經是那樣久遠，好像上一輩子的事情。他曾經想在戲劇中獲得成功，卻只取得少許引人注目的成就。

交易所呢？多荒唐的念頭，無非出於對奧諾麗娜的愛情。他父親怎麼竟同意幫助他去做這種雙重的蠢舉呢？證券經紀，他可是最瞧不起金融界的；結婚，他實在無法向這位年輕俊俏的女人提供她所憧憬的娛樂。

　　他早就告訴過她，這種婚姻是一件不可能的事！可憐的奧諾麗娜，當他撇下銀行的業務不管，將時間耗費在胡亂塗鴉的時候，她大概過著非常淒愴的日子。

　　這些年來所做的工作無疑能夠滿足他的好奇，但會不會徒勞無益？赫澤爾對他表示信任，他終於認為自己創造了一種新文學體裁。就這樣，他的名字被列入了職業作家的行列。《哈特拉斯船長歷險記》、《地心歷險記》、《海底兩萬里》標誌著他滿懷熱情地走過了自己開創的這條新路。對，這只不過是一個書業上的勝利！他被自己的成就所固，將自己的命運跟《教育與娛樂》雜誌的命運連繫在一起了。

　　可是，多少人在他周圍死去了，雖然這些死亡是無法避免的。

　　他正在脫離一個世界，也感覺到這個世界在脫離他。

　　抖掉悲愁，他更多地去考慮一直跟他保持友好而又素不相識的大眾和讀者，考慮年輕的一代。他為這一代年輕人貢獻了畢生精力。

　　但是，對他自己的憂慮作出樂觀回答的還是他自己：

　　　　我們固然會死亡，但我們的行為絕不會消逝，因為這行為永遠存在其無限的結果之中。過一天以後，我們的腳步便在沙石路上留下永不消失的足跡。

　　　　沒有前者，絕不會有後者，未來是由過去不為人知的延伸組成的。

　　世界各地的人們不但關心凡爾納的作品，同時也都很關心這位老作家的健康狀況。他身體不好的消息開始在各地傳開，報紙上也不時刊登他體質衰弱的短訊。

　　他的朋友們知道了這是真的，都紛紛來探望他，希望他們能給凡爾納帶來一些令他高興的好聽的故事。甚至有許多人給他寄來治療白內障的處方。凡爾納對此深表感謝。

　　而這時，凡爾納的糖尿病、排尿增多更加重了他視力的減退。他成了一個可憐的疾病纏身的老人。

　　1904 年 9 月 2 日，他正在修改《世界的主人》大樣；10 月 15 日，寄出《海浸》；12 月 12 日致小赫澤爾的信中，仍字斟句酌，反覆推敲，修改稿件。

　　12 月 20 日，又致信義大利評論家馬里奧‧蒂里洛，說他讀過評論家在《那不勒斯》發表的評論他作品的文章，深表謝意。

　　當他寫完《世界的主人》的時候，幾乎完全失明了。極差的胃功能使他每頓只能吃一個水煮蛋。

　　1905 年 2 月 8 日，他迎來 77 歲生日。一個月後即 3 月 17 日，糖尿病又一次復發，而且病情有增無減。3 月 20 日，病危消息傳到巴黎，散居在各地的家人匆匆忙忙來到亞眠。米歇爾帶著妻兒從法國南方匆匆趕回來。

　　病情一天天惡化，他有時連周圍的人也認不出來，甚至喪失意識。

1905 年 3 月 24 日，這天是星期五。當凡爾納發現所有親人都圍在他身旁時，他只是深情地望了一眼。這一瞥目光顯然是說：「你們全都來了，這很好，現在我可以走了。」隨後，他轉身對著牆壁，泰然自若地等待死神的降臨。

凡爾納很快進入垂危狀態，清晨 8 時，朱爾·凡爾納與世長辭，享年 77 歲。

朱爾·凡爾納的葬禮於 1905 年 3 月 28 日舉行，葬禮很隆重，有士兵、學生、世界名流，也有政治家參加。德國政府派遣駐法大使代表德皇向「一位一向不寬容的作家表示敬意」，這使凡爾納家人很受感動。在護送作家遺體去公墓的人群中，有一個英國人，與凡爾納家族每一個人握手時，用不太流暢的法語反覆說：「鼓起勇氣，振作精神，經受住痛苦的考驗。」

凡爾納去世後，人們在他的抽屜裡又發現了 7 部手稿，他一生中一共出版了 100 多部小說。

奧諾麗娜於 1910 年 1 月 29 辭世，終年 80 歲，安葬在朱爾·凡爾納墓旁。此後在南特和亞眠建了紀念碑，但不完全一樣。

1907 年，米歇爾為父親重新樹碑。此碑由名雕塑家設計製作：大鬍子凡爾納，頭髮被海風吹動，從墓中裹屍布挺身

而起，風度優雅，栩栩如生，一隻手高高舉起，指向未來，指向光明！

墓碑題字：

流芳百世，永垂不朽。

滄海落日

附錄

沒有前者，絕不會有後者，未來是由過去不為人知的延伸組成的。

——凡爾納

年譜

1828 年 2 月 8 日，生於法國西部海港南特。

1833 年至 1846 年，先就讀於桑本夫人所辦的學堂，後來轉入聖斯塔尼斯拉小學，隨後又進聖多納蒂揚的一所小神學院，最後進入皇家中學，即後來的南特中學。

1846 年，通過升學考試，為取悅父親打算學習法律。

1847 年 4 月，起程去巴黎。考入法科一年級。4 月 27 日，他愛慕的表姐卡羅利娜·特朗松結婚，父母讓他離開南特。

1848 年 7 月，回到巴黎參加法科二年級考試。經常出入於幾個文學沙龍，從這一時期開始，感到文學比法律對他更有吸引力。

1849 年，取得法學學士學位。寫下大量劇本。與小仲馬結為朋友，創辦「十一條光棍」俱樂部。

1850 年 6 月 12 日，《折斷的麥稈》首演，這是他第一部出版並上演的劇本。

1852 年，拒絕繼承父業，轉而從事文學創作。擔任歌劇院祕書。

1856 年 5 月 17 日，去亞眠參加朋友奧居斯特·勒拉日和埃梅·德·維亞恩的婚禮。愛上新娘的姐姐奧諾麗娜·德·維亞恩。為改善經濟狀況，決定去交易所工作。

1857 年 1 月 10 日，朱爾和奧諾麗娜在巴黎舉行十分簡樸的婚禮。出版第一部歌曲集，由伊尼亞爾作曲。

1861 年 8 月 3 日，他的獨生子米歇爾出生。

1862 年 6 月，與赫澤爾會面。《空中旅行》更名為《氣球上的五個星期》。10 月 23 日，與出版商簽訂第一份合約。

1865 年，發行《從地球到月球》。

1867 年 3 月 23 日，與其弟保爾搭乘「大東方號」去美國；參觀紐約

和尼加拉大瀑布。7 月創作《漢堡》。

1868 年 2 月底，「狂熱地」繼續創作《海底兩萬里》。5 月 8 日，簽訂第四份合約。

1869 年，在南特居住一段時間後，3 月底遷居克羅托伊。在《雜誌》發表《海底兩萬里》。

1871 年，定居亞眠。11 月 3 日，其父皮耶爾‧凡爾納逝世。

1873 年，在亞眠乘坐熱氣球，並寫成報導《氣球上的八十分鐘》。創作《神祕島》。遷居朗格維爾街 44 號。

1874 年，在《雜誌》發表《神祕島》。在《時代》發表《大法官》。劇本《環遊世界八十天》首演。出版小說集《牛博士》。

1876 年，購買「聖米歇爾 2 號」。奧諾麗娜‧凡爾納病重。

1877 年，在《時代》發表《黑印度》。《地心歷險記》引發蓬‧熱斯特訴訟案。購買「聖米歇爾 3 號」。

1878 年，發表《十五歲的船長》。劇本《格蘭特船長的兒女》首演。首次乘「聖米歇爾 3 號」出航。

1879 年，再乘「聖米歇爾 3 號」出航，赴英格蘭和蘇格蘭旅行。

1881 年，發表《大木筏》，第三次乘「聖米歇爾 3 號」遠航。

1884 年，在地中海第四次乘「聖米歇爾 3 號」長途旅行。

1886 年，出售「聖米歇爾 3 號」。3 月 9 日，被加斯東‧凡爾納槍傷。3 月 17 日，赫澤爾去世。

1890 年，健康狀況欠佳，並逐步惡化。

1900 年 10 月，離開夏爾杜布瓦街，遷回朗格維爾街居住。

1905 年 3 月 17 日，出現偏癱。

1905 年 3 月 24 日，病逝。享年 77 歲。

1905 年 3 月 28 日，出殯，各地紛紛電唁悼念這位偉大科幻作家。

名言

道路千條,目的一個。

只有探索才知道答案。

敢於希望,才能成就偉大。

經商固然好,哲學價更高。

勇於崇尚犧牲,才能成就英雄。

任何事物都不應該過早成熟,包括進步。

但凡人能想像到的事物,必定有人能將它實現。

歷史喜歡英雄的荒唐做法,但卻也譴責他所帶來的後果。

無意中占有同類自由的人都不應該寬恕,在任何情況下都不能。

科學固然好,但有時會出錯,然而本能是永遠也不會出錯的。

由於熱氣球的出現,人類在空中遨遊就不再是夢想,而成了現實。

人類既然不能呼風喚雨、叱吒浪濤,該不該制止自己狂妄地凌駕於造物主之上的行為呢?

我就像一部機器那樣一直在有規律地運轉著,但我絕不會讓機器熄火。

這是金錢與時間的巨大犧牲,但我需要盡自己所能構建自己文章最美的形質,儘管人們從未在這方面公正地評判我。

直至生命的最後一息,我始終站在受壓迫人民的一邊;每一個受壓迫者,過去、現在和將來都是我的親兄弟!

海是包羅萬象的。海的氣息純淨而衛生;海之為物是超越的、神妙的生存之乘輿;海是動,海是愛。

我需要工作,工作就是我的生命的全部意義。當我不能工作的時候,就形同行屍走肉,也就失去了生存的價值。

當科學開始說話的時候,那就只好閉口不言。但科學是從錯誤中產生,犯這些錯誤乃是必要的,因為這些錯誤逐漸導致真理。

電子書購買

國家圖書館出版品預行編目資料

科學時代的文學預言家凡爾納：以科學內容承
載世間人情，將人類價值從地心串至月球 / 李
詩禹，潘玉峰編著 . -- 第一版 . -- 臺北市：崧燁
文化事業有限公司 , 2022.10
　　面；　公分
POD 版
ISBN 978-626-332-741-2(平裝)
1.CST:　凡　爾　納 (Verne, Jules, 1828-1905)
2.CST: 傳記
784.28　　111014306

科學時代的文學預言家凡爾納：以科學內容承載世間人情，將人類價值從地心串至月球

臉書

編　　著：李詩禹，潘玉峰
編　　輯：徐悅玲
發 行 人：黃振庭
出 版 者：崧燁文化事業有限公司
發 行 者：崧燁文化事業有限公司
E - m a i l：sonbookservice@gmail.com
粉 絲 頁：https://www.facebook.com/sonbookss/
網　　址：https://sonbook.net/
地　　址：臺北市中正區重慶南路一段六十一號八樓 815 室
Rm. 815, 8F., No.61, Sec. 1, Chongqing S. Rd., Zhongzheng Dist., Taipei City 100, Taiwan
電　　話：(02) 2370-3310　　傳　　真：(02) 2388-1990
印　　刷：京峯彩色印刷有限公司（京峰數位）
律師顧問：廣華律師事務所 張珮琦律師

定　　價：350 元
發行日期：2022 年 10 月第一版
◎本書以 POD 印製